FAIRIES

妖精の
教科書

神話と伝説と物語

スカイ・アレクサンダー
Skye Alexander

白須清美 訳

献　辞

著述家仲間で友人だった、ロバート・ノリスの思い出に。
彼は人生を愛し、精一杯生きた。

謝　辞

この本を書く機会を与えてくれた、
編集者のピーター・アーチャーと、
アダムスメディア社の創造性に富んだ精神に感謝します。
素晴らしい隠れ家を提供してくれた友人の
クレア・トムリンソンに、心からありがとう。
本書『妖精の教科書』と
その前の
『人魚──神話、伝説、民話
（Mermaids: The Myths, Legends, and Lore）』の2冊は、
その家にこもって書いたものです。
数えきれないほどの民俗学者と、
おとぎ話の熱心なファンにも感謝します。
長年にわたって
これほどたくさんの妖精に関する物語を収集し、
私たちを楽しませてくれるのですから。

目次

CONTENTS

序章

魅惑の妖精

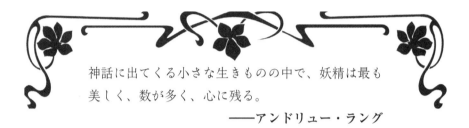

神話に出てくる小さな生きものの中で、妖精は最も
美しく、数が多く、心に残る。

——アンドリュー・ラング

古代ギリシアではニンフと呼ばれ、アイルランドでは小さ
い人と呼ばれ、ペルシアではペリと呼ばれる。この惑星の
どこへ行っても、不思議な、謎めいた妖精にまつわる話を
聞くことだろう。手より小さいものもいれば、アメリカス
ギより大きいものもいる。空を飛び、地中深く潜り、海の中を跳ね回り、
蠟燭の火の中に見え隠れするものまでいる。この素晴らしい生きものは、
太古から人間の暮らしと言い伝えの中で重要な役割を演じ、今に至ってい
る。

　近年では、妖精はどこにでもいるように思われる。巷には多額の予算を
投じた映画、テレビ番組、さらには妖精の国の宮殿という宮殿を満たすほ
どの商品があふれている——そのどれもが、現実に存在するかどうかわか
らない生きものをテーマにしているのだ。妖精の何が、これほど私たちを
とりこにするのだろう？

　人魚やドラゴンと同じように、妖精が私たちを惹きつけるのは、とても
複雑な存在だからだ。あるものはうっとりするほど美しく、あるものは鏡

が割れてしまうほど醜い。そして、私たちを煙に巻くためだけに、思い通りに姿を変えられる。性格は気まぐれで、善と悪、無垢と情熱、いたずらっぽさと裏切り——正反対のものが隣り合わせなのも、妖精の魅力の1つだ。妖精に何を期待していいのか、妖精が次に何をするか、決してわからない。金の入った壺をもらえるのか、それともヒキガエルに変えられるのか？　その危険が、炎が蛾を引き寄せるように私たちを引き寄せるのだ。さらに私たちは、妖精の自由と力にあこがれる。妖精は人間のルールを守る必要がない。好きなときに来ては、去ることができる——その気になれば、完全に消えることもできるのだ。妖精はさまざまな魔法の力を持ち、それを使って障害を乗り越え、富と長寿を享受し、人間をだしにして楽しむ。そして、どちらが上かを本気で見せつけようとするときには、私たちがメールを送るよりも早くハリケーンや地震を起こせるのだ。もちろん、虹や花、秋の紅葉も、妖精たちのおかげである。妖精がいなければ、この世は今よりどれほど退屈なことだろう！

　私たちが妖精を愛するもう1つの理由は、私たちをありふれた日常生活から連れ出し、何が起こっても不思議ではない——そして、実際に何でもありの夢の世界に連れていってくれるからだ。その過程で、妖精は私たちにさまざまな世界の見方を教え、その中でどんなことが起こり得るかを見せてくれる。さらには妖精に刺激されて、自分自身の魔法の力に気づき、創造的に使えるようになるのだ。

　この本には、世界じゅうのあらゆる種類の妖精が登場する。中には驚く
ようなものもいるに違いない。また、ピクシーやエルフ、その他の妖精に
間近で遭遇した人たちの話を読むこともできる。さらには、妖精の気を惹
く方法や、いたずらをやめてもらう方法を知ることもできる。この本に収
録されている妖精談や伝説を再読したとき、あなたは妖精だけでなく、自
分自身のことも深く知ることができるだろう。ひょっとしたら、自分の中
にほんの少し妖精の血が流れているのに気づくかもしれない。

PART 1

妖精の
領域

THE FAIRY REALM

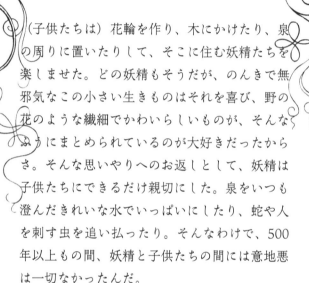

　（子供たちは）花輪を作り、木にかけたり、泉の周りに置いたりして、そこに住む妖精たちを楽しませた。どの妖精もそうだが、のんきで無邪気なこの小さい生きものはそれを喜び、野の花のような繊細でかわいらしいものが、そんなふうにまとめられているのが大好きだったからさ。そんな思いやりへのお返しとして、妖精は子供たちにできるだけ親切にした。泉をいつも澄んだきれいな水でいっぱいにしたり、蛇や人を刺す虫を追い払ったり。そんなわけで、500年以上もの間、妖精と子供たちの間には意地悪は一切なかったんだ。

　　　　　——マーク・トウェイン『ジャンヌ・ダルク』

　楽しむことに心を開けば、あらゆるところに穏やかな喜びが広がっているのがわかるだろう。私たちは、日光の一筋一筋に乗って訪れる天使たちとともに生きているかもしれないし、花という花で待っている妖精たちとともに座っているかもしれない。

　　　　　——サミュエル・スマイルズ

第 1 章

妖精との出会い

不思議な、謎めいた、いたずら好きの妖精たちは、私たちを魅了してやまない。しかし、その正体は何なのだろう？　ほとんどの人が、妖精は人間の想像の産物だと考えている──アニメ映画のキャラクターだったり、夜、子供に読んで聞かせるお話の中の魅力的な生きものだったり──そして、6歳以下の子供でない限り、おそらくその存在を信じてはいないだろう。ファンタジーゲームにはまっていれば、妖精というのは、ほかの妖精もどきたちと架空の戦闘に参加するための仮の姿だと思っているかもしれない。しかし、少し掘り下げてみれば、想像力に富んだ民族はみな、何千年にもわたって妖精とともに生きてきたのがわかるだろう──さらに妖精が、この惑星に住む動物と同じくらい多種多様だということも。本書では一般的に〝妖精〟と呼ぶが、この驚くべき存在には数多くの名前がある。エルフ、ピクシー、ドワーフ、レプラコーンなどは、ほんの一部だ。これから彼らに会いにいくことにしよう。

妖精の別名

　生命というものが今よりもずっと謎めいていて、魔法の世界が信じられていた頃には、人間は妖精の怒りを買うことを恐れていた。妖精は気まぐれにまじないや呪いをかけるからだ。力を持つ超自然的な存在を本名で呼ぶのは無礼だと考えられていたため、人間は妖精のことを〝善良な人〟〝高貴な人〟〝光り輝くもの〟、または〝隣人〟と呼んだ。

　英語の〝フェアリー〟は、ラテン語で運命を意味する〝ファートゥム〟から来ている可能性がある。同じように派生したフランス語では〝フェ〟、イタリア語では〝ファータ〟、スペイン語では〝アダ〟と呼ばれている。中世英語では faierie（フランス古語では faeire）は魔法の国とその住人を指す。現在で言う〝おとぎの国〟だ。もちろん、それぞれの文化には独自の妖精の呼び名があるばかりではなく、多様な妖精の種類が見られる——そのほとんどは、これからの章に登場する。しかし、この魅惑的な生きものの中には、きわめて多くの国々の神話や民話に出てくるものがいることを考えれば、ある種の妖精がさまざまな場所に存在していたか、移住した人々が妖精の物語を持ち込んだ可能性がある——おそらく、その両方だろう。

　現在では空を飛ぶ妖精が大多数だが、彼らが一般的になったのはヴィクトリア朝になってからのことだ。一方で、ヨーロッパ、イギリス、アイルランドの古い伝説では、空を飛ぶとは限らない次のような妖精の種族が中心となることが多い。これらについては、第2章で詳しく解説する。

　　　§ ピクシー　　§ トロール　　§ ゴブリン　　§ エルフ
　　　§ ハッグ　　　§ シー　　　　§ ドワーフ　　§ レプラコーン

『神の居場所はない（No Place for God）』や『問題の議会（The Council in Question）』の著者モイラ・ドーリーは「妖精」という言葉を快く思っ

ていない。それは小さな女の子のお弁当箱やＴシャツに描かれた、気まぐ
れで〝甘ったるい〟キャラクターを暗示しているからだ。彼女はこの不思
議な存在を、自然の精と呼ぶほうを好む。「なぜなら、私が出会うのは、
ティンカー・ベルとは似ても似つかないものたちばかりだからだ」

元素

　魔術師が元素というとき、学校で習う周期表を指しているのではない。
それは自然界その他を作る空気、土、水、火の４大元素を指しているの
だ。古来、神話や伝説には、空を飛び、土に潜み、深海を泳ぐ超自然的な
存在が登場する。だが、こうした不思議な生きものは自分たちの居場所に
住んでいるだけではない。それぞれの領域の守護者となったり、大使と
なったりするのだ。彼らを特定の存在というより活力だと説明する者もい
る。また、神話によってさまざまな名前で呼ばれる。東洋の神秘主義で
は、デーヴァと呼ばれる神（天使や下級神と似ている）が自然界の妖精を
指揮している。妖精界で最もよく知られる３つの元素は、シルフ、スプラ
イト、そして水のニンフである。サラマンダーと呼ばれる火の精もときお

　森や牧草地、庭にいる妖精の役割とは……太陽の活動
的なエネルギーと形になる前の物質との間に不可欠な
つながりを作ることだ。私たちが、太陽、種、土とい
う３つの要素による当然の結果と考えている植物の
生育は、妖精という成育促進役がいなければ決して実
現しないものなのだ。
　　　──サー・アーサー・コナン・ドイル『妖精の出現』
　　　　　に引用されたエドワード・ガードナーの言葉

り登場するが、それほど広く知られていない。

シルフ——空気の精

　ティンカー・ベルをはじめ、空を飛ぶ妖精はこのカテゴリーに分類される。だがシルフは、現代の映画や絵本に描かれているような、繊細な羽を生やした魅惑的な存在というだけではない。空気や空に対して、さまざまなことができるのだ。空を飛ぶ能力のほかに、シルフは風を操り、大気の質に影響を及ぼし、人間の呼吸を助ける。今日では、化学物質による飛行

フィンドホーンの土の精

　1960年代初頭、アイリーンとピーター・キャディ夫妻、友人のドロシー・マクリーンが、フィンドホーンと呼ばれるスコットランドの荒涼とした土地に、霊的なコミュニティを創設した。その土地はほとんどが砂地で、天候も荒れていたが、フィンドホーンは熱帯の花や19キロほどもあるキャベツが育つ見事な庭園で有名になった。なぜこんなことが起こったのだろう？　ドロシーによれば、植物の生育を司る元素——彼女がいうには〝裏で働いている、創造的知性の生きた力〟——がフィンドホーンの創設者を導いて、素晴らしい庭園を造り、維持させたという。『フィンドホーンのさまざまな顔（Faces of Findhorn）』という本の中で、英国土壌協会のR・リンゼイ・ロブ教授はこう書いている。「ほとんど不毛の砂地で、冬のさなかにこの庭園で植物がすくすくと健全に育ち、花を咲かせるというのは、どうにも説明できない……」そう、とにかく普通の考えでは説明できないことだ。

機雲をきれいにするのに忙しいという説もある。また、鳥や空を飛ぶ虫を助けたりもする。

スプライト――土の精

　庭で見られる緑の小人は、おそらくスプライトだ（とはいえ、すべてのスプライトが緑の小人とは限らない）。土の元素には、木の守り神やノーム、ドリュアス、またピクシーやエルフの一部など、さまざまな個性を持つ妖精が含まれる。これらの妖精は、花や木、その他の植物の生育を助ける――目を凝らせば、彼らが木に腰かけていたり、ブラックベリーの茂みの下で休んでいたりするのが見られるかもしれない。秋が来れば、彼らは木の葉を緑から赤、オレンジ、金色に変える。土の元素は、公害や森林伐採、採鉱などの破壊から地球が回復するのに、重要な役割も果たしている。

水のニンフ――水の元素

　ウンディーネとも呼ばれるこれらの妖精は、世界の水域を跳ね回っている。人魚もこのカテゴリーに含まれる。通常、若く美しい娘として描かれる水のニンフは、地上の生物を育てることから潮流の制御、画家や詩人に

妖精の目撃談

1947 年のある夏の日、 5 歳のノーナ・リースは母親と、 ウェールズのペンブルックシャーにある海辺の町セント・デイビッズから歩いて帰る途中、 妖精を目撃した。 道は岩の多い海辺から、 美しい田園地帯へと続いていた——精霊が遊び回るにはうってつけの場所である。 ノーラによれば、 母娘は「羽が生えていて、 昔からあるクリスマスツリーの妖精に似ているけれども、 2.5 センチから 4 センチくらいしかない小さくて真っ白な生きもの」 を、 ハリエニシダのやぶの上で見たという。 博物学に熱心な母娘は、 それが蝶や蛾でなく「明らかに妖精」であることがわかっていた。

——ジャネット・ボード
『フェアリーズ——妖精と出会えた人たち』 より

インスピレーションを与えることまで、さまざまな仕事をこなす。また、魚や水生生物を守り、人間が望めば航海の先導をしてくれる。近年では、この元素は水質汚染や海洋生物の破壊を減らそうと懸命に働いている。

姿を変える妖精

　特定の元素や種族、家系に属する妖精だが、その多くは変身したいときに外見を変えることができる。こうした〝姿を変える妖精〟は、醜い姿か

花療法

1930年代、イギリスの医師エドワード・バッチは、花を使ってさまざまな心の状態を治すホリスティックな治療法を確立した。彼独自の38種類の療剤は、花の生命力やエキスを取り入れ、水とブランデーで希釈したものだ。花の力を引き出すため、彼は花を湧き水に浸したものを日光に当てた。こうすることで、花の生命力が水に浸出するのだ。植物そのものを用いなくても（バッチは花のエネルギーの共鳴と癒しの特性だけを利用した）、その治療法はストレスや憂鬱、不眠、不安といった状態に効果を発揮することが証明された。この癒しの力は妖精の知恵に根差したもので、ディーヴァと呼ばれる植物界を支配する妖精たちの影響とはいえないだろうか？

ら美しい姿、水中の生きものから空を飛ぶ生きもの、精霊から動物、あるいは人間にまで変身することができる。世界じゅうの伝説に、魔法で姿を変える妖精のことが語られている。彼らは必要に迫られ、あるいは目的のために、まったく違った生きものに姿を変え、正体を知られずに仕事をすることができるのだ。

　セルキーと呼ばれるスコットランドのアザラシ人間のことは聞いたことがあるだろう。この魔法にかけられた生きものは、水の中ではアザラシとして生活するが、地上では毛皮を脱ぎ捨て、人間のように歩くことができる。彼らは人間の伴侶を得て、混血の子供をもうけることさえある。アメリカ先住民の民間伝承では、精霊はしばしばコヨーテやカラスといった動物や鳥の姿をしている。また日本の神話には、姿を変えるキツネが出てく

る。グリム兄弟の非常に興味深い童話『めっけ鳥』では、2人のきょうだいがバラの木や教会、シャンデリア、アヒル、池など、さまざまなものに変身して、悪人の裏をかく。

　妖精の間で変身は広く行われているため、人間（またはほかの種）は、自分たちが相手にしているのは何者なのかなかなか判断できない。もちろん、それも妖精たちの狙いなのだ。

妖精はどこに住んでいる？

　目には見えなくても、妖精はすぐそばに住んでいる。現に、今このときにも、あなたの隣に座っているかもしれないし、あなたの庭で踊っているかもしれない。ほとんどの人が妖精を見たことがないのは、彼らが並行世界に住んでいるからだ。そこは私たちの世界と並んで存在しているが、異なる周波数で機能しているのだ。たとえば、ＴＶやラジオのチャンネルと比較すれば理解しやすいだろう。1つのチャンネルに合わせているとき、ほかのチャンネルは視聴できないが、それは確かに存在している。〝妖精の世界〟にも、同じことがいえるのである。

　伝説によれば、妖精は自分たちの世界に人間が侵入してくるのを避けるため、隠れているという。ときには、妖精たちは文字通り地に潜り、洞窟や穴、水中の要塞に住む。スコットランドのアラン島に住む民俗学者は、作家モイラ・ドーリーに「電気が通ったときに妖精はいなくなってしまった」と語っている。現代人が地球を支配し、木を伐採して道路を敷き、都市を造るにつれ、妖精たちはより辺鄙な土地へと引っ込み、ついには精霊界に移動してしまったのだ。

　人間界と妖精界を隔てる見えない〝ヴェール〟のために、私たちが妖精と交流するのは困難になっている。1年のうち、特定の日──特にベルテイン（5月1日）とサウィン祭の夜（10月31日）──にはヴェールが薄くなり、人間があらゆる精霊を目にしやすくなり、交流しやすくなる。夏

アナーバーの妖精のドア

2005年4月、異例な建築——ミニチュアのドア——が、ミシガン州アナーバーのコーヒーショップの入口に不思議と現れた。それから1年半の間に、〝妖精のドア〟と称する小さなドアが、町じゅうのさまざまな場所に出現した。この美しい扉は、大半が高さ30センチほどで、画家で児童書作家のジョナサン・B・ライトによって作られたと考えられている。おそらくこれは、都会にも妖精がいることを人間に知らせ、都会の妖精が画廊やブティック、その他町じゅうの興味深い場所へ行けるようにするためだろう。その後、施設のいくつかは閉鎖され、それとともに妖精のドアもなくなった。しかし、それらは永久になくなったわけではない——また別の妖精のドアが、ひょっとしたらあなたの家の近くに、いつできるかもわからないのだ。ライトのウェブサイト（www.urban-fairies.com）にアクセスすれば、この小さな宝物を見ることができる。

至の前夜も、シェイクスピアがいうように、妖精たちとはしゃぎ回るにはいい機会だ。

自然の中の妖精

　すでに論じたように、妖精は自然の世話をする役目を担っている。言い伝えによれば、人間が自然を支配するまで、あらゆる種類の妖精が荒れ地に住んでいたという。たとえばウェールズの妖精タルイス・テーグは、森の奥深くやウェールズの沖合の孤島で生きていた。ドイツのニクシーは、小川や滝の下の隠れた場所に住んでいた。ハンガリーのトゥンデールは、

高い山の上にいた。おそらく、これらの生きものは、今と比べて当時のほうが繁栄しており、寿命も長かっただろう。

　タイガと呼ばれるロシアの広大な森林の奥深くは、森の妖精が支配していた。レーシーと呼ばれるこの精霊たちは変身に長け、木ほどの大きさになったかと思えば、ネズミのように小さくもなれる。動物や人間の姿にもなれるし、緑のひげと髪の毛を生やし、ヤギの角とひづめを持った、複合的な生きものにもなれる。このいたずら好きな妖精は、自分たちの領域に足を踏み入れる人間を混乱させることで知られている。人間はレーシーの土地ではすっかり道に迷ってしまうのだ。妖精たちが面白がってやっているのか、それとも木こりや猟師から森や獣を守るためにやっているのかはわからない──おそらく、その両方だろう。

　妖精は今も湖や山、森、野原に住んでいる。また、花壇や家庭菜園で生き生きと活動している妖精たちを見たことがあるかもしれない。彼らは今も自然の世話役という自分たちの役割を真剣にとらえ、植物ばかりでなく石や動物、その他の生きものをはぐくみ、守っている。伝説によれば、妖精の多くは不思議な癒しの力を持っており、あらゆる病気を治すハーブや鉱物の扱いに優れているという。

　普段は、妖精は人間の目の届かないところにいて、自分たちの活動を大々的に宣伝したりはしない。だが、あなたが人里離れた土地に迷い込み、この地球上の、平和で荒らされていない場所に足を踏み入れることがあれば、運がよければこうした自然の精霊と間近に出会うことができるかもしれない。ただし、あまりに近づきすぎて、彼らの罠にかからないよう気をつけることだ──妖精界から戻れなくなるかもしれない！

境界域──世界の境

　満潮と干潮の間の海岸、野原と森の間の草深い場所、平地と山の間の斜面──こうした中間点は境界域と呼ばれている。夜明けや夕暮れといった昼と夜の境も、同じカテゴリーに数えられる。完全に１つのものでも、別

おいで人の子よ
水辺へ　そして原野へ
妖精と手に手を取って
この世はおまえの知らぬ深い悲しみで満ちている
　　　　　——W・B・イェイツ『イェイツ詩集』

のものでもなく、これらはある領域から別の領域への架け橋となるのだ。そのはかない性質とあいまいさ、神秘的な印象から、境界域はしばしば妖精と出会い、魔法を経験するのに最適な場所となる。

妖精のドア

　古来、妖精のドアは妖精界と人間界との間の門となってきた。ほとんどの場合、人間は妖精の世界に入ることはできない。だが、1年のうちのある時期、人間はこうした門から妖精界を垣間見ることができるのだ。妖精のドアは、うっそうと木が茂る森の中の小道や、洞窟に通じる狭い入口、石垣の隙間、古木の節穴に似ている。シャーマンの旅は、こうした入口から見知らぬ世界を訪ねることから始まる場合もある。

降格された神々

　多くの民間伝承で、妖精は古代の神や女神の子孫だといわれている。何千年もの間、こうした神々は天と地、そして、そこに住むものを支配していた。彼らは昼と夜、陸と海、季節、植物の生育、野生の動物や家畜——つまり、あらゆるものを支配していた。すべてを網羅するその力は、まさに彼らを畏れるべき存在にし、世界じゅうのほぼすべての文化で、人々は支配者としての神を敬った。

眠れる森の美女と妖精の名づけ親

シャルル・ペローの有名な童話『眠れる森の美女』で、国王と王妃は生まれたばかりの娘の名づけ親として、7 人の妖精を招いた。ところが、彼らは重要な妖精を 1 人忘れており、その妖精は自分が見過ごされたことに激怒した。6 人の妖精が贈り物をしたあと、怒れる妖精は赤ん坊に呪いをかけた。糸車で指を刺すと死んでしまうというのである。しかし、最後の妖精の名づけ親がその女の子の運命をやや穏やかなものにし、死ぬ代わりに 100 年間の眠りにつくが、王子のキスで目覚めるというものにした。グリム兄弟はのちにこの物語をドイツの読者向けに変え『いばら姫』とした。

だがキリスト教の隆盛とともに、こうした古代の神々は衰退していった。教会は古い信仰を禁ずるだけでなく、こうした神々にすがる人々を迫害したのだ。伝説によれば、人間が古代の神や女神をあがめたり、敬ったりするのをやめたとき、彼らの力が衰えはじめたのだという。結果として、神々の一部は伝説上の存在に成り下がった――妖精もその 1 つである。こうした成り行きを妖精は喜ばなかった。そのため、人間にいたずらをするのかもしれない。

ほかのあらゆる世界と同じく、妖精界にも社会構造や階級がある。基本的に、

妖精は次の２つのカテゴリーに分けられる。

§ 自然界を守り、導く妖精
§ 人間の運命や宿命を操る妖精

運命の妖精

　自然の精霊についてはすでに少し触れているので、ここでは運命を司る妖精を見てみよう。これらの妖精は、赤ん坊が生まれた直後に現れ、誕生を祝い、赤ん坊の運命に影響を及ぼすことが多い。勇気や美しさ、賢さといった贈り物を持ってくるのが常である。これらの誕生を祝う精霊は、ケルト、スラヴ、フランスの民間伝承に登場する。ギリシアのモイラ（運命の３女神）も、このカテゴリーに入る。アルバニアのファティも同様だが、彼らは通常、赤ん坊が生まれてから３日後まで待ち、蝶の背中に乗ってやってくる。セルビアでは、ウースードと呼ばれる妖精が誕生から７日目にやってくるが、母親だけにしか姿は見えない。

　妖精たちの気前のよさに、お返しをするのはいいことだ。さもないと、怒りを買うことがあるかもしれないし、妖精を侮辱するのは決していいことではない！　昔から、子供が生まれたばかりの両親は妖精たちにごちそうを用意して感謝を伝え、今後の助けを願う。フランスの典型として、ブルトン人（ブルターニュ地方に主として暮らすケルト系民族）の妖精はシャンパンと食事を楽しむ。賢い親は、エジプトの女神ハトホルの娘または仲間といわれる妖精、７人のハトホルに、食事に加え赤いリボンを贈る。

　バーナデット・ウルフは、自身のウェブサイト（www.fairysource.com）でこう書いている。「私たちは妖精や植物、動物、鉱物と再びつながりを持たなければならないと信じている。互いに尊敬し合うことで、私たちがこの惑星で害を及ぼした多くの場所を癒すだけでなく、私たちの心身の調和とバランスも回復するだろう」

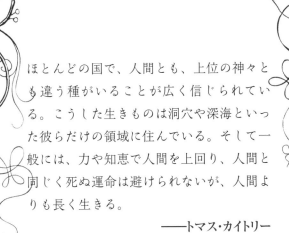

ほとんどの国で、人間とも、上位の神々とも違う種がいることが広く信じられている。こうした生きものは洞穴や深海といった彼らだけの領域に住んでいる。そして一般には、力や知恵で人間を上回り、人間と同じく死ぬ運命は避けられないが、人間よりも長く生きる。

——トマス・カイトリー
『妖精の誕生——フェアリー神話学』より

第2章

妖精の性格

　妖精と聞いて、どんなイメージが浮かぶだろう？　薄く柔らかな羽を生やし、長い髪をなびかせ、透ける服を着た優雅な女性の姿だろうか？　魔法の杖を振ったり、妖精の粉をまき散らしたりするのだろうか？　ほとんどの場合、大きさは花びらに乗れるほど小さいだろうが、大きさにかかわらず、この不思議な生きものはまばゆいばかりの美しさであるのが常だ——また、はかない存在という意味で性的な魅力もある。もちろん親切で、楽しいことが大好きでもある。子供たちの遊び相手にしたいような性格だ。

　いい想像だが、それは真実ではない——ディズニーランドにいるのでもない限り。

いい妖精、悪い妖精、美しい妖精、
そして徹底的に醜い妖精

　20 世紀頃まで、妖精にはさまざまな大きさ、姿、色があり、それに
合った多様な性格を持っていた。確かに、この上なく美しい妖精もいる
が、恐ろしい悪夢に出てきそうなものもいる。彼らのふるまいについて
は、絶対に親のアドバイスを聞いたほうがいい。

　前章では、伝説や国によってさまざまな妖精の種族の一部に触れたが、
これからは特に有名な妖精について詳しく見ていこう。

ピクシー

　初期の伝説では、ピクシーは小さい、子供のような妖精で、ブリテン島
やブルターニュ周辺のストーンサークルの下や妖精の丘に住んでいるとい
われていた。しかし、スウェーデンではこの妖精をピスケと呼んでいるた
め、スウェーデンに端を発しているという説もある。ピクシーはまた、ピ
クトともつながっている。古代アイルランドやスコットランドに住んでい
た、小さくて色の黒い神秘的な種族である。たいていは、ピクシーは妖精
界での〝お人よし〟と考えられている――植物の世話をするだけでなく、
人間の家事も手伝ってくれる自然の精霊なのだ。また、馬に乗るのも大好
きだ。普段は害のない陽気なピクシーだが、ときどきちょっとしたいたず
らをすることもある。

　現代のピクシーは、概して尖った耳を持ち、先の尖った高い帽子を含め
緑色の服に身を包んでいる。しかし J・K・ローリングの『ハリー・ポッター
と秘密の部屋』では、身長 20 センチほどで全身が青い、いたずら者とし
て描かれている。オーエン・コルファーの『アルテミス・ファウル』シリー
ズでは、貪欲で狡猾な者とされているが、昔ながらの妖精物語では、彼ら
は肯定的なイメージで描かれている。

エルフ

　今日では〝エルフ〟といえばサンタクロースの小さな助手のイメージが浮かぶが、初期の民間伝承では、ハンサムで人間と同じくらいの大きさの生きものとされている。彼らはチュートン人の伝説に登場し、職人、射手、治療師として大きな力を発揮する。スカンジナヴィア神話では、エルフは3つのタイプに分かれる。光のエルフは天上界で神や女神と暮らしている。闇のエルフは下界に住んでいる。そして黒のエルフは魅力的で、人間と同じくらいの大きさで、2つの世界の間に暮らしている。ノルウェーの民間伝承によれば、自分に価値があることを証明できれば、人間は死後、エルフのレベルに進むことができるという。

　シェイクスピアは〝エルフ〟と〝妖精〟を互換的に使うことがある。民俗学者はエルフを〝妖精〟という全体的な種の中の小集団だと主張するだろう。『夏の夜の夢』では、吟遊詩人は彼らを小さないたずら者と歌う。ハンス・クリスチャン・アンデルセンは、童話『バラの妖精』で、エルフ

アイスランドのエルフ

アイスランドの人々は、エルフと特別な関係を結んでいる。おそらく、ほかのどの文化よりも緊密な関係といえるだろう。アイスランド政府観光局の報告では、国民の 80 パーセントがエルフの存在を信じているという。アイスランドには、エルフを人間の侵害から守る政策まである。住民の 25 パーセントが妖精を見たことがあるという港町ハフナルフィヨルズゥルでは、エルフのために土地が保護され、指定された地区には建物を建てることができない。エルフの聖地に建物を建て、彼らを怒らせたのではないかと恐れる人々は、エルフ・ウィスパラーを呼び、エルフに会ってどうすれば問題が解決できるかを探るのだ。

をバラの中に住めるくらい小さいと描いた。しかし、J・R・R・トールキンは『指輪物語』で、エルフを高貴な種族として描いた。背が高く、美貌で、優しく、病や死と戦うのだ。

　伝承では、エルフは人間をさほど好きではなく、助けることもあるが害を与えることもある。とはいえ、エルフは人間と結婚することでも知られている。ドイツのニーベルンゲンが没落した後の最後の生き残りであるハゲネの母親も、エルフと結婚した 1 人だ。物語では、この精霊は〝エルフの矢〟といわれる毒矢で人間を攻撃する。またアンデルセンは『妖精の丘』で、エルフを魅力的な女性として描いた。彼女たちは音楽と踊りが大好きで、あまりにも目まぐるしく回転するので、一緒に踊る人間の男たちは死に至るといわれている。

ドワーフ

『白雪姫』の7人の小人のことはよく知っているだろう。ディズニーのアニメ映画では、このおかしな小人たちには、ごきげん、おこりんぼ、ねぼすけなど、人間の感情を表す名前がついている。『白雪姫』の小人のように、妖精の伝承に出てくるドワーフはたいていひげを生やしていて、小さな体なのに驚くほど力が強い。もじゃもじゃのひげを生やしているが、年齢は7歳にも満たない——彼らはすぐに成長するのだ！

　ドワーフと後述のトロールは、ノルウェーやドイツの神話の中で、数多くの共通点を持っている——場合によっては、この名前は互換的に使われる。どちらの種族も、丘のふもとに隠れた巨大な建物の地下に住んでいる。またどちらも金属細工が得意で、莫大な富を蓄えているといわれる。初期の民間伝承では、ドワーフは死者と結びつけられ、墓地の周りにたむろするとされている。古代ノルウェーの叙事詩『古エッダ』では、ドワーフの王は「炎の血と、死者の手足から作られた」という。

トロール

　伝説や民間伝承の中で、トロールはさまざまな評価がされており、そのイメージは数百年の間に悪くなっている。彼らは愛想がよく、人間を助けることもあるという物語もある。だが、別の物語ではトロールには邪悪な面もあるという——彼らは盗人で、財産だけでなく女子供も奪うのだと。もちろん、彼らには魔法の力があり、それには姿を消したり、別の姿に変身したりする能力も含まれている。

　一般的に、この生きものは醜く、頭が鈍く、猫背である。J・R・R・トールキンの中つ国の物語では、トロールは巨大な、人間に似た生きもので、太陽の光を浴びると石と化してしまうという変わった弱点を持っている。しかし、初期の伝説では、トロールは獰猛な一方、（特に女性は）魅力的だといわれている。

妖精の目撃談

ジャネット・ボードは 『妖精の地への旅行ガイド（The Traveller's Guide to Fairy Sites）』 に、イギリス人女性が妖精と遭遇した記録を残している。「コーンウォールで休暇を過ごしているときのことでした。 娘と曲がりくねった道に差しかかったとき、 突然、 小さな緑色の男が、 門のそばで私たちを見ているのに気づいたのです。 全身緑色で、 尖った頭巾をかぶり、 耳も尖っていました……。 私たちは恐怖でぞっとしました。 そして、 眼下の渡し船まで走っていきました……。 あれほど怖かったことはありません」

トロールは、ほかの妖精と同じく音楽や踊りが大好きで、自分たちの国に音楽を持ち込むために長い距離を旅することで知られている。もちろん、楽曲をダウンロードというわけにはいかないので、彼らは人間の音楽家をさらってきては自分たちを楽しませ、囚われ人にする。アーシュラ・K・ル゠グウィンの『赤い馬の背で（A Ride on the Red Mare's Back）』のような一部の物語では、子供を誘拐する山の民として、トロールにさらに暗い光を当てている。

現代文学での悪い評判とは裏腹に、昔話のトロールはしばしば善良な者として描かれている。この夜行性の生きものは地下や穴、洞窟に住み、そこで莫大な財宝を守っているという。彼らはハーブや金属の扱いに特に長けており、時には進んで人間を助けることもある。多くの妖精にまつわる

民話と同様、彼らは変身やまじないが得意で、出会った人間を惑わすことができる。

ハッグ

この妖精は老婆に似ていて、精霊だけでなく、不思議な力を持つ人間の老婦人もハッグと呼ばれることが多い。民間伝承では、ハッグは悪夢の原因であり、眠っている男性の胸の上に座って、金縛りにするという説もある。別の話では、ハッグは若い美女に変身して、夜、サキュバスのように男性のベッドに忍び込み、眠っている人間と交わるともいわれる。

ハッグは多くの文化における伝説に登場する。アイルランドのバンシー、東欧のバーバ・ヤガー、日本の鬼婆などだ。おそらく、英語圏で最もよく知られているハッグは、シェイクスピアの『マクベス』に登場する3人の魔女だろう。彼女たちは不思議な鍋をかき混ぜながら「苦労も苦悩も」と歌う。民間伝承はハッグの治療者としての力を認め、ヘカテーや冬の女神と関連づけることもあるが、神話でも現代文学でも、この生きものについてはあまりよく語られることはない。魔女と同じく、ハッグも何世紀もの間、悪魔その他の邪悪な力の仲間で、醜く邪悪な生きものとして描かれてきた。ヨーロッパや植民地時代のアメリカで、15世紀から18世紀にかけて無数の女性や子供が殺されたのは、こうした誤解がもととなっているのかもしれない。

レプラコーン

伝説によれば、レプラコーンに出会うと、金の入った壺をもらえるという——けれども、レプラコーンをだまして宝物を奪おうと思うなら、考え直したほうがいい。無邪気そうに見えるが、彼らは非常に頭がよく、やすやすと人間に黄金を奪われたりはしない。民間伝承では、このアイルランドのいたずら者は、たいてい身長120センチほどの小柄な老人の姿で、時には風変わりな帽子に緑の上着を着て、ブライアーのパイプをふかし、

棍棒を持っている。

　いい者も悪い者もいるが、レプラコーンは気まぐれでいたずらが好きな妖精だ。伝説によれば、彼らをつかまえると３つの願いをかなえてくれるというが、願いをするときには気をつけなくてはならない。彼らはしばしば人間に善行をほどこし、幸運を運んでくれることもある——ただし、彼らがその気になればだ。レプラコーンはトゥアハ・デ・ダナーン（アイルランド民族の祖先である神）の子孫だといわれているが、ポップカルチャーでは、セント・パトリックの日に襟に四つ葉のクローバーを飾り、緑のビールを飲む、ただの陽気な小鬼になっている。

ゴブリン

The Hobgoblin laughed till his sides ached

　醜くて意地悪なこの小さい生きものは集団で旅をし、大惨事を引き起こす——妖精界では、人間のギャングに相当する存在だ。一説によれば、この貪欲な妖精はお金やごちそうが大好きで、ほしいものを手に入れるためには策略その他の手を使うのをためらわない。『エルフ、ゴブリン、その他の小さな生きもの百科（The Complete Encyclopedia of Elves, Goblins, and Other Little Creatures）』のピエール・デュボワの説明が正しければ、彼らには実際の家はなく、最終的には木の根や岩の隙間を見つけてそこに隠れるという。不愛想な性格もそれで説明がつくかもしれない。

　一部の民話では、彼らはあまり頭のよくない、意地悪な妖精で、緑がかった肌に毛むくじゃらの体、赤い目を持つと描写されている。オーエン・コルファーの『アルテ

妖精の目撃談

1577 年 8 月 4 日の朝、猛烈な嵐がイギリスのサフォーク州に
あるバンゲイの教会を襲い、教区民を震え上がらせた。すると
突然、黒い犬が教会を走り抜けた。犬がそばを通った老人
は、その場で死んでしまい、もうひとりはひどい火傷を負っ
た。現在では、バンゲイ市場の風見に、その不気味な出来事
が残っている。

ミス・ファウル』シリーズでは、トカゲに似ているという。身長が小さい
（約 120 センチ）せいで、彼らは男らしさを証明するために攻撃的にな
るのかもしれない。伝説によっては、彼らを危険な存在というよりいたず
ら者として描いているものもある――人が寝ている間に鍋を叩いて目を覚
まさせるようなたぐいだ――しかし、子供をさらったり、墓を暴いて骨を
まき散らしたりするともいわれている。J・K・ローリングのゴブリンは
欲深で横柄だが、非常に抜け目のないところもある。（一方でホブゴブリ
ンは、もっと行儀がよいことが多い）

シー

　アイルランドの神話によれば、シーは古代の有力な妖精集団で、有史以
前からアイルランドとスコットランドの一部を支配していたという。〝丘
の人〟を意味するシーは、妖精の丘や妖精の輪の下に住んでいる。アオ
ス・シーや、その他の名前でも知られ、トゥアハ・デ・ダナーンの子孫と

妖精の目撃談

1971年のサウィン祭の夜、『フェアリー・ウォーズ』シリーズの著者ハービー・ブレナンと友人のジム・ヘンリーは、ロングストーンラースという古代の神秘的な土地を訪れた。そこでは高さ5.4メートルの巨石の周囲を、土器の輪が取り囲んでいる。ブレナンがいうには、午前0時の少し前、「コッカースパニエルほどの大きさしかない」24頭の白い馬が、突然この建造物をギャロップで横切り、消えたという。驚いた2人は、その場から逃げ出した。

いう可能性もある。

　外見は人間に似ているが、シーは通常、並外れて美しく、人間よりもはるかに大きな力を持っているという。たとえば、彼らはものすごいスピードで空を飛び、違う生きものに変身できる。伝説によれば、この妖精はほぼ不死だともいわれる。ケルト人の土地にキリスト教が持ち込まれたあとも、アイルランドやスコットランドの人々は、この超自然的な存在を高く評価しつづけている。（シーについては「第7章　アイルランドの妖精」でさらに詳しく触れる）

動物の妖精

　動物も妖精になることができる——そして、妖精も動物になれる。現

に、姿を変えることのできる精霊は好んで動物や鳥、さらには爬虫類にも変身する。妖精は自然界を守っているため、動物と親しいのだ——ユニコーンやドラゴンといった、魔法をかけられた生きものもそれに含まれる。

　世界じゅうの神話や伝説で、動物と人間の複合体だけでなく、動物の妖精についても語られている。たとえば、南アフリカのトコロシェは、小さくて尻尾のないヒヒに似ているという。スコットランドのセルキーは海の中ではアザラシとして暮らし、陸上では人間になる。ブラジルのエンカンタードは蛇やイルカに変身できる。日本の妖精は白鳥や鶴の姿をしているし、ウェールズのグウィリオンは、しばしばヤギの姿をしているといわれる。ほかの妖精と同じように、動物の妖精も人間に対して親切にふるまったり、敵対したりする。

アメリカ先住民の守護動物

　北米や南米の土着民の間には、動物や鳥、爬虫類、虫の姿をした不思議な存在にまつわる物語が無数に見られる。ある文献では、魂を持つ動物は実際には超自然的な存在で、ときおり動物に宿るのだという。別の文献では、こうした存在は地上では肉体を持つ動物だが、死ぬと神になるという。どこから生まれたかはともかく、こうした生きものは人間に多くのことを教えてくれる。アメリカ先住民の伝統では、魂を持つ動物を崇拝し、人間の守り神としてたたえる。（さらに詳しい情報については、自著『守護動物の秘められたパワー（The Secret Power of Spirit Animals）』を参照してほしい）

イギリスの黒い犬

　ブリテン島とアイルランド全域で、子牛ほどの大きさの、毛むくじゃらな黒い犬を見たという話が聞かれる。この動物は教会や古道、史跡に現れることで知られている。民間伝承は、この黒い犬を死と結びつけ、それを

見るのは誰かが死ぬ予兆だとしている。著述家のキャサリン・ブリッグス
によれば、この伝説上の生きものは犬の亡霊か人間の亡霊、もしくは悪霊
である可能性があるという。ボギーと呼ばれるタイプの妖精は、しばしば
黒い犬の姿で現れる。誰かが死ぬと、それが町じゅうの猟犬に呼びかけ、
通りでいっせいに吠えるという言い伝えがある。スコットランド人は、黒
い犬はパースシャーのような場所で財宝の番をしているという。こうした
民間伝承が、おそらくサー・アーサー・コナン・ドイルの『バスカヴィル
家の犬』に着想を与えたのだろう。

ケルトの猫

　古代エジプト人は、猫を神としてあがめたが、ケルト人も猫には超自然
的な力があると考えてきた。アイルランドの民間伝承では、猫のシーが黄
泉の国とその財宝を守っているという。魔法の白猫は、ウェールズの女神
ケリドウェンに付き添っている。猫の画像は、古代民族ピクト人の手で、
スコットランドの特別な石に描かれている。女性の妖精や魔女は、昔から
猫を使い魔（魔法の従者）として手元に置いたり、猫に変身したりするこ
とで知られている。

魔法の馬

　ユニコーンやケンタウロス、空飛ぶ馬は、老若を問わず人を魅了する
──だが民間伝承や美術、文学は、普通に見える馬にも魔法がかかってい
る場合があることを物語っている。妖精が馬全般に魅了されていることを
考えれば、妖精界に馬がいたり、妖精が馬になりすましたりしたとしても

何の不思議もない。ケルピーというスコットランドの水の妖精は、しばしば馬に姿を変える。やはり水の妖精であるドイツのニクシーは、灰色の馬に変身するという。おそらく、こうした神秘的な生きものに着想を得て、画家のウォルター・クレインは1892年に「ネプチューンの馬」を描いたのだろう。堂々たる白い馬たちが海から姿を現す絵は、まさに魅惑的だ。

　東欧のヴィラも、自分自身を白鳥やオオカミのほかに馬に変える。アイルランドの小鬼プーカは、時に黒い犬、時に馬の姿を取る。だが、その馬に乗ってはいけない——めちゃめちゃに跳ね回ってから、乗り手を泥の中に落とすからだ。だが、最もぞっとする、グロテスクな妖精の馬は、スコットランドのナックラヴィーだろう。ケンタウロスを恐ろしくしたようなこの妖精は真っ赤な1つ目で、蹄の代わりにひれを持つ。さらに恐ろしいのは、皮膚がないことだ——赤い筋肉や、黒い血の流れる血管がはっきりと見えるのである。

カエルの王子

　グリム兄弟の最も有名な童話『カエルの王子』では、王女が魔法でカエルにされた王子と出会い、怒った妖精にかけられた呪いを解く。原作では、王女は嫌々ながらカエルと同じ皿で食事をし、同じ枕で眠る。だが、のちに美化されたバージョンでは、王女は嫌悪を乗り越え、カエルにキスをすることで呪いを解く。このぬるぬるした求婚者にまつわる似たような物語は多くの国にあり、『乙女とカエル』（イギリス）や『カエルの王子』（スリランカ）などもそれに含まれる。ディズニーはこのグリム童話を2009年に『プリンセスと魔法のキス』のタイトルでアニメ映画化した。その教訓は、人を見た目で判断してはいけないということだ。

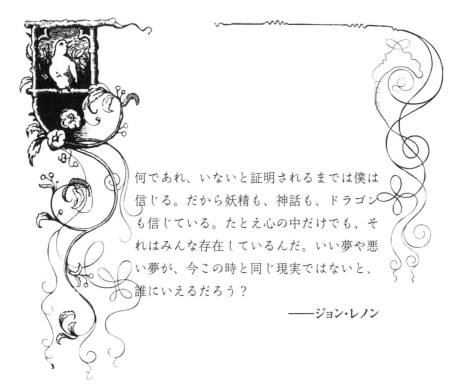

何であれ、いないと証明されるまでは僕は信じる。だから妖精も、神話も、ドラゴンも信じている。たとえ心の中だけでも、それはみんな存在しているんだ。いい夢や悪い夢が、今この時と同じ現実ではないと、誰にいえるだろう？

——ジョン・レノン

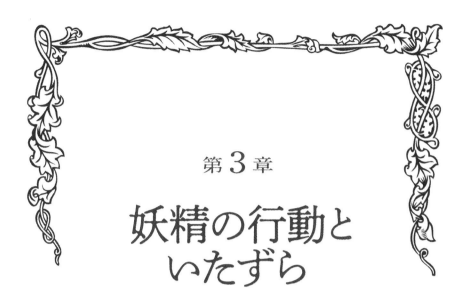

第3章

妖精の行動と
いたずら

大きくても小さくても、優雅でも凶暴でも、妖精は私たちを恐れさせると同時に魅了する。妖精を信じ、友達になりたいと思う一方、その評判を聞くと少し尻込みしてしまう。これまで見てきたように、妖精は人間にいたずらを仕掛け、森で迷わせ、ものを盗む――人間を溺れさせたり赤ん坊をさらったりすることまで知られている。それでも、私たちは炎に誘われる蛾のように妖精に惹きつけられる。おそらく予測のつかないところや、人間に挑戦するところが、さらに妖精の魅力を増すのだろう。そろそろ、妖精にまつわる相反する物語を紐解き、このカリスマ的な生きものをさらによく知る時だろう。どの妖精を私たちの生活に迎え、どの妖精を遠ざけるべきかがわかれば、災いを避け、妖精と人間の幸せな未来を楽しむことができるに違いない。

妖精の力

　神話や伝説によれば、妖精は超自然的な力の宝庫で、それをよくも悪くも使うことができる——そして、ただの人間は彼らにはかなわない。歴史を通じて、親切な妖精は穀物や家畜を守り、病気を癒し、赤ん坊を取り上げ、願いをかなえ、幸運を呼ぶなどして人間を助けてきた。一方、怒った妖精は嵐を呼び、穀物を枯らし、疫病を招き、永遠に続く呪いをかけ、人間をヒキガエルや石、さらにひどいものに変えるといわれている。したがって、妖精の機嫌を取りたいと思うのは当然だ。

　しかし、そこが難しい問題なのだ。妖精は人間と同じような感情を持たないし、人間と道徳観を同じくしていない——とはいえ、妖精には妖精の、きわめて強固な規範がある。せいぜい、妖精は善悪を超越していると考えるしかない。私たちの祖先は、妖精に気に入られ、怒りを買わないために、妖精の考え方を理解しようとした。皆さんもそうしたいと思っていることだろう。現代のメディアが描く妖精たちは、とても魅力的で無害に見えるが、決してそうではない長い歴史を持っているからだ。まずは、妖精が持っている特別な力を見てみよう。

妖精はほぼ永遠に生きる

　妖精は不死ではないが、人間よりもはるかに長生きをする——10 倍か、それ以上かもしれない。一部の伝説では、彼らは人間が登場するよりずっと昔からこの星に住んでいるという。その間、妖精たちは人間について知っておくべきことはすべて学んでいる。しかも、人間が次第に衰え、老いていくのとは違って、妖精は年を重ねても力を失わない。

妖精は見た目より強い

　妖精物語の多くが、巨人その他の怪物について語っている。大きくて毛むくじゃらな北のトロールは、ビッグフットに似ている（嫌なにおいがするというビッグフットの特徴も持っている）。しかし、小さなドワーフにも筋肉がそなわっている——彼らは 3 歳になる頃には大人になる。ハワイの神話では、メネフネと呼ばれる小さな精霊が、カウアイ島に驚くべき石のダムと壁を作ったといわれている。またアラビアの神話では、ジンと呼ばれる妖精がピラミッドを造ったという。

妖精にフェイスリフトは不要

　『アルテミス・ファウル』シリーズのベストセラー『北極の事件簿』に登場するエルフのホリー・ショートは、若々しい顔と体にもかかわらず、実際には 80 代である。しかし、この本に出てくるキャラクターの一部に比べれば、彼女はほんの子供にすぎない。ドワーフの 1 人は、通説では 2000 歳だという。

妖精は未来を予言できる

妖精の多くは人間よりも鋭い洞察力があるばかりでなく、未来を見通すこともできる。〝千里眼〟（透視）は、彼らにとって自然のことなので、何が起こるか前もってわかるのである。明らかに、それによって当てずっぽうは減り、ほとんどの状況で優位に立つことができる。

妖精は姿を消すことができる

見えたと思えば消えてしまう。ついに姿をとらえたと思ったら、相手は見えなくなるマントをはおり、目の前で消えてしまう。あるいは、ただ音もなく、周りの影や緑にまぎれるか、魔法の国と私たちの世界を隔てるヴェールの向こうへ逃げ込んでしまう。現実には、妖精を見ることができるのは、相手が姿を見せる気になったときだけなのだ。しかも妖精たちは、まばたきする間に自分たちの王国をまるごと出したり消したりして、すべてが夢ではなかったかと思わせることができる。

妖精の先見の明

アイルランドの古い伝説によれば、マンスターの王の息子で、テイグという名の戦士が、彼の妻と兄弟を捕えたキャスマンという侵略者への復讐に乗り出した。途中、テイグは女の妖精と出会う。彼女はテイグがこの先何年も経ってから、どのように死ぬかを教えた。彼女の予言を聞いたテイグは、恐れずに敵を追うことができたという。

グラマーの魔法

妖精の手管の中には〝グラマーの魔法〟と呼ばれるものがある。自分をよりよく見せて、人間の心をつかむというものだ。悪意に満ちた顔や醜い顔の妖精も、美しかったり、信用できそうだったり、親切そうだったりと、好きな外見になって、何も知らない人間をだますことができる。ドイツのニクシーは、この手をよく使うことで知られている。ニール・ゲイマンの『サンドマン』シリーズでは、グラマーをいつ使うか、使うか否かは、ヌアラの大きな関心事だ。魔術の伝統では、人間もグラマーの魔法を学ぶことができるが、これはまた別の本で語るべきことだろう。

妖精の楽しみは？

人間と同じように、妖精も食べ物や飲み物、音楽、ダンスを楽しむ。野原や森を守ったり、地下の洞窟で採鉱したり、人間界に騒ぎを起こしたりといった1日の終わりには、妖精はただ楽しむのだ。

踊り、歌う妖精

民間伝承や文学によれば、妖精はダンスが大好きだ。こうした精霊が月光の下ではしゃぎ回り、露に濡れた牧草地や森の中の空地でスキップしたり、くるくる回ったりする話は数えきれない。小さい集団の時もあれば、数百人の時もある。コーンウォールの民話では、600人のピクシーが1度に集まり、コーンウォールのトレボースヘッドで大きな輪になって踊った

という。『夏の夜の夢』で、シェイクスピアは妖精の集会をこう描いている。

　　丘でも、谷でも、森でも、牧場でも、
　　石を敷いた泉、い草の繁る小川、
　　海辺の砂浜でも、
　　風の笛に合わせて輪踊りをする。

　シェイクスピアと同時代の作家も、踊る妖精を劇の楽しい主題にしている。ジョン・リリーもしくはジョン・デイ（作者不詳）は、『メイズ・メタモルフォシス（The Maydes Metamorphosis）』で次のような詩を書いている。

　　月のそばで、はしゃいで遊ぶ
　　夜が1日の始まりなのさ、
　　われわれが踊れば、露が落ちる——
　　小さなハリネズミにつまずいて、
　　小さなミツバチのようにかろやかに、
　　2人ずつ、または3人ずつ、
　　そうしてそろそろ帰る時間だ。

　だが、すべての妖精が、楽しみのためだけにダンスをするとは限らない——別の目的を持つ者もいる。東欧のヴィラはダンスを使って男性を惹きつけ、誘惑する。ロシアのルサールカは、さらにその先を行っている。この水の精は、昼間は川に住んでいるが、夜には若く美しい女性に変身して岸に上がる。そこで、このなまめかしい女性たちは歌い踊り、人間の男性を魅了しては、彼らを連れて川に戻り、溺れさせるのだ。伝説によれば、ハンガリーのトゥンデールは人間の男性をダンスの相手にし、彼らが疲れで病気になるか、死ぬまで放さない。ウェールズのタルイス・テーグは音

楽を愛するあまり、人間の音楽家をさらってきては、永遠に妖精の国にとらえ、妖精が常に音楽を聴けるようにするという。

妖精のごちそう

　世界じゅうで、伝統行事や祝い事では食事が大きな役割を果たす——人間であれ妖精であれ、食事と親交というのは素晴らしい組み合わせだ。妖精はどんな食べ物が好きなのだろう？　それは、住む場所によってさまざまだ。ブルターニュの妖精たちは（フランス人のように）、ワインとペストリーも揃った贅沢な食事を好む。ギリシアのドリュアスもワイン好きだが、ミルクや蜂蜜も好きだ——それに、オリーブオイルも忘れてはいけない。セネガルのユンボーは魚が特に好きだ。ウェールズのエサソンはキノコを食べる。庭にいる妖精たちは当然のことながら、花の蜜や野イチゴが好きだ。イランのペリは何も食べない——花の香りを嗅ぐだけで、必要な栄養が摂れるのだ。

　人間の主食であるパンは、妖精からすれば賛否両論だ。ケルトの精霊やイギリスのブラウニーはパンが好きだが、ニューファンドランドの人々は妖精を追い払うのにパンを使う。Ｊ・Ｒ・Ｒ・トールキンのファンタジー

おとぎ話のごちそう

魅力的なイラストを満載した料理本『おとぎ話のごちそう（Fairy Tale Feasts）』では、ジェイン・ヨーレンとハイジ・シュテンペルの母娘が、若い読者におとぎ話に出てくる食べ物の歴史を紹介している。物語とレシピを通じて、著者は子供たちが自分の才能を生かし、料理の腕とお話を結びつけるようにしている。

小説に出てくるドワーフは、〝クラム〟という栄養はあるが硬くて味のないパンを食べる。〝レンバス〟と呼ばれる別のパンは、エルフの間では特別なごちそうで、レシピは秘密だ。エルフの強壮飲料であるミルヴォール（蜂蜜と花の蜜から醸造されると思われる）は、活力を高める。一方でエントの飲みものには、傷を癒し、ホビットの身長を伸ばす力がある。

　だが、現代の妖精は、伝統的なエルフのパンにはそっぽを向くかもしれない。代わりに、白い〝フェアリーブレッド〟を面白い形に切り、バターを塗って、スプリンクルを散らしたものを出すといいだろう。

　初期の妖精物語は、田舎の人々が語っていた――その日暮らしを送る自給自足の農民や漁民、猟師などだ。世界のさまざまな場所で、今も飢えや貧困がはびこっている。そのため、多くの物語に魔法の食べ物や調理器具が出てくるのも驚くには当らないだろう。たとえばアイルランドのトゥアハ・デ・ダナーンは、決して空にならない魔法の巨釜を持っている。グリム兄弟の童話『ごちそうを出すテーブル、金のロバ、袋の中のこん棒』では、魔法のテーブルが誰にでもたっぷりのごちそうを与えてくれる。もちろん、意地の悪い妖精は食べ物を悪い目的に使う――たとえば『白雪姫』の毒リンゴや、『ヘンゼルとグレーテル』のお菓子の家などだ。

　妖精にディナーに招かれたらどうすればいいだろう？　ほとんどの伝説が、断ることを勧めている。妖精と食事をすることは、彼らの世界に永遠にとらわれる、1番早くて確実な方法なのだ！

スポーツをする妖精

　どこの国にも、人気のスポーツやゲームがある――妖精の国も例外ではない。乗馬は特にピクシーに人気で、彼らは馬を盗み、夜中にこっそりキャンターを楽しむ。

　ボウリングがイギリスからアメリカに紹介される少し前、イギリスに住んでいたワシントン・アーヴィングは、有名な『リップ・ヴァン・ウィンクル』を書いた。その中で、1人の男がニューヨークのキャッツキル山中

妖精の目撃談

イギリスの『ブリッジポート・ニュース』（2009年12月3日付）に掲載された記事によれば、イギリスの農村一帯で、不思議なことに馬のたてがみと尻尾が三つ編みにされているのが見つかったという。シプトン乗馬クラブのハリエット・ローリーは、愛馬ストーミーのたてがみが三つ編みになっているという説明のできない出来事に遭い、新聞にこう語っている。「馬のたてがみが三つ編みになったというので、大騒ぎなんです」数十頭の馬が同じ目に遭ったが、誰が、どうやったのか知る者はいなかった——こっそり三つ編みをした犯人は、番犬の目さえもかいくぐっている。これは妖精の仕業だろうか？　しかし警察は、〝結び目のまじない〟という邪教の呪術のせいだとし、傷つけられたり盗まれたりした馬はいなかったと語った。

で、背が低くてひげを生やした男たちが九柱戯を楽しんでいるのを見かける。彼らの酒を飲んだリップは眠りに落ち、それから20年後に目を覚ます。リップを誘ったのはドワーフかトロールで、彼は妖精がよく仕掛ける罠にはまったに違いない。彼らと酒盛りをしたリップは、結局は山中の隠れた場所で長い歳月を失ったのだ。

　女の子のスポーツへの関心が高まると、妖精たちはスポーツにのめり込むようになった。デイジー・メドウズの『レインボーマジック』シリーズには、スポーツをする若い妖精が出てくる。乗馬をたしなむヘレナ、体操

選手のジェマ、サッカーのスター選手ステイシーなどだ。この空想的な現代の妖精物語では、ゴブリンが悪者となって妖精のスポーツ選手から魔法の品を盗み、妖精のオリンピックを台無しにするぞと脅すが、それも驚くことではないだろう。

妖精のファッション

　ティンカー・ベルは、肩紐がなく、木の葉のようなスカートの、かわいらしい緑のミニドレスを着て飛び回る。ホリー・ショートはもう少し強そうな、ぴったりとした緑のボディースーツだ。しかし、本物の妖精は何を着ているのだろう？　それは彼らがいつ、どこで暮らしているか、また何者で、何をしているかによる──人間界と同じだ。

　　§　ウェールズのタルイス・テーグの場合、庶民は緑の服を着るが、
　　　　王族は赤と青のシルクを着る。
　　§　東欧のヴィラは、白く、透けるほど薄いドレスを着ている。
　　§　アメリカ南東部のカチナは、ふんだんにビーズを飾った鹿革の服
　　　　を着ている。
　　§　イギリスのブラウニーは、くたびれた茶色の作業着という質素な
　　　　格好をしている。
　　§　レプラコーンは緑の服に奇妙な形の帽子、革のエプロン、大きな
　　　　バックルがついた靴という服装を好む。
　　§　緑の服はピクシーのお気に入りでもある。
　　§　アイルランドでは、群れなす妖精は中世やルネサンスの王族がま
　　　　とうような優美な服や宝石を身に着けるが、孤独な妖精は苔や蜘蛛
　　　　の巣、木の葉、花などを身に着けるほうを好む。
　　§　アイルランドのメロウは、赤い帽子で知られている。それをかぶ
　　　　ることで水中で生きられるのだ──人間がその帽子を盗めば、メロ

ウが海に戻るのを阻止することができる。

　§　イギリスの民間伝承で最も邪悪なレッドキャップも、同じく赤い
　　帽子をかぶっている――人間の血で染められたものだ。彼らは血が
　　流れた場所に住み、疑うことを知らない通行人を殺す。

　§　現代のファンタジー小説では、テル・クェッサーとして知られる
　　エルフは、部族や戦士、未来をモチーフにしたさまざまな装束を身
　　に着ける。

　現代の妖精のファッションは、かわいらしいチュチュのようなものから
上品なベルベット、あるいは手染めのシルクのドレス、さらにはサキュバ
ス的な想像に火をつける、闇で光るみだらなものまである。

　しかし、妖精の衣服と人間のものを区別する、大きな特徴が１つある。
妖精の服には魔法がかかっているのだ。妖精の衣装は、単に着る者を保護
したり、体型を際立たせたりするだけではない――妖精に魔法の力を与え
るのだ。台湾の民間伝承では、ナジェニは魚のうろこに覆われたベストを
着ることで、水中で生きることができる。19世紀アイルランドの詩人レ
ディ・ワイルドは、白いチュニックを着ることで空を飛ぶ、奇妙な小人に
ついて書いている。ギリシア神話に出てくるアイドスキューネという帽子
は、人間でも精霊でも、かぶった者の姿を見えなくする。極東、イギリ
ス、アメリカ先住民の伝説には、姿を消すマントが登場する――Ｊ・Ｋ・
ローリングは『ハリー・ポッター』シリーズで、そのアイデアを借りている。

妖精を信じられない人とは、
知り合いになる価値はないと思う。

　　　　　　──トーリ・エイモス
（アメリカのピアニスト、シンガーソングライター）

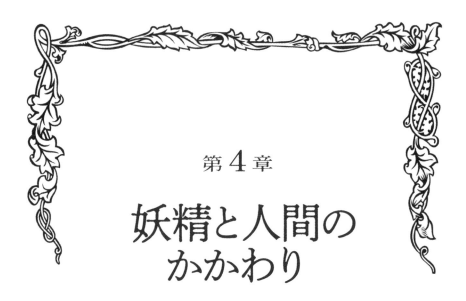

第4章

妖精と人間の
かかわり

　私たち現代人が妖精に惹かれるのは、何も目新しいことではない。ほぼすべての文化における神話をざっと見ただけでも、おびただしい量の妖精の物語を見つけることができる。神話によっては、妖精は私たちよりもはるか昔から地球に住んでおり、人間は初めて地球に登場したときから、妖精と──常に平和にとはいえないが──共存しているという。アイルランドの伝説によれば、トゥアハ・デ・ダナーンという妖精たちは、アイルランド民族の祖先だという。古代ローマ人は、神や女神を崇拝するようになる前から、妖精などの自然の精霊をあがめた。ギリシア神話では、パンテオンの長であるゼウスを育てたのはニンフといわれている。ユダヤの伝説によれば、アダムとイヴはマジキーンという妖精を生んだという。ひょっとしたら、私たちみんなに妖精の血が流れているのではないだろうか？

妖精は人間をどう見ているか

　現代人のほとんどは、自分たちの日々の生活に妖精が影響を及ぼしているとは思っていないだろう。妖精といえば、子供を楽しませるためのたわいもない漫画のキャラクターにすぎないと考えている。しかし 100 年ほど前までは、人間たちは妖精を、力を持った超自然的な存在で、人生というゲームで有利な札を握っていると考えてきた。人間が成功したい——あるいは生き延びたい——と思えば、妖精の怒りを鎮めなくてはならない。この異世界の生きものは、とてつもない力を持っており、人の生死だけでなく日常の出来事にもその力をふるう。また、気まぐれな彼らは、人間に手を貸すのと同じように、破滅させることもある。妖精の怒りを買ったものには災いが降りかかる——この先一生、悲惨な運命がつきまとうのだ。

　本当のところ、妖精のほとんどは人間を好きではないし、好きになったこともない。彼らは人間を劣った種族だと考えている。妖精から見れば、私たちは彼らを必要としているが、彼らに私たちは必要ではないのだ。

人間は妖精界を侵略し、妖精たちを無理やり地下に追い込んだという伝説もある。それでは妖精に肯定的な感情は生まれないだろう。だが、現代人はそのことに気づいていないため、妖精が受けてしかるべきと思っている尊敬を示すことがない。つまり、彼らの助けを得る可能性はほとんどゼロになるのだ。その上、自然の守護者である妖精は、当然ながら私たちが地球を汚し、資源を奪い取り、自分たちの都合のいいように作り変えようとしていることに怒りを

感じている。

　妖精は、人間界と隣り合った領域に住んでいるため、ときおり彼らと遭遇するのは避けられない。ある意味では、私たちの利害は一致しているのだ。近隣国との関係のように、私たちは彼らと友好的に生きることを学ばなければならない。妖精をよく知ることが、協力を深める第一歩であり、誰にとってもよいことなのだ。

友人、それとも敵？

　人間と同じように、妖精にはいい者もいれば悪い者もいる。人間の生活の中で、妖精はどちらの役割も演じるが、その予測がつかないことはよく知られている——常に私たちに親切に接する優しい妖精にすら気を許してはいけないと、伝説は警告している。この敏感な生きものは、天気よりも気まぐれなので、決してからかってはいけない。たとえば、いつもは内気で引っ込み思案な中東のジンだが、本名を呼ぶことで怒らせると危険な存在になる。ドイツのコボルトは、未成年者を助けることもあれば、邪魔をすることもある。スコットランドのミンチ海峡のブルーマンとして知られる水の精は、嵐を起こして船を難破させる——だが、この妖精は詩を楽しむので、詩人が乗っている船は助かることがある。スコットランドの女の妖精グラシュティグは、子供や老人には優しいが、男性の血を吸う。

　昔の人間は、妖精と運命とを結びつけ、彼らを恐れた。当時は多くの人々がつらい人生を送る運命だったからだ。そこで、私たちの祖先は、妖精を怒らせてさらなる問題を招かずに済む方法を見つけようとした。『フェアリーズ——妖精と出会えた人たち』の著者ジャネット・ボードは、人間にとって、妖精と出くわすことは通常、思いがけない不愉快なことだという。「妖精のせいで人間がこうむったとされる不運のため、彼らを遠ざけるためのまじないや儀式が広く使われることとなった」

気まぐれなのか、意地悪なのか？

　どの妖精が気まぐれで、どの妖精が意地悪なのだろうか？　1 番いい者と悪い者をいくつか見てみよう。もちろん、どのグループでも（人間と同じように）悪いルーツから向上する者もいれば、感じのよい種族を逸脱した、非難すべきはみ出し者になる者もいる。しかし、本当に友達といえる妖精はいないということは覚えておいてほしい──あなたの娘がかわいがっているバービー・マリポサ人形を除けば。

　友好的な妖精
　§ スコットランドのブラウニーは、家の掃除をしたり、誰もが寝静

妖精と人間の関係会議

　2000 年以降、数百人の人間と数千人の妖精が、年に 1 度ワシントン州トウィスプのスカリチュード・リトリートセンターで会合を開き、自然界やそこに住む精霊と人間との関係を探り、深め、向上させようとしている。会議のウェブサイト（www. fairycongress.com）で、マイケル・パイラースキーはこう書いている。「妖精会議に出席している妖精は、人間の参加者と同じくらいの（ときにはそれよりもずっと多くの）知性を持っている。我々は妖精や神に、このイベントの共同製作者として、敬意と愛情をもって接している……人間がこれほど強い妖精のエネルギーと、妖精や神の加護のほとばしりを感じられるイベントはめったにないだろう」

まったあとに畑を見回ったりして、家事を手伝う。

§ アメリカ先住民の守護動物は、人間を守り、導く。

§ インカのワカは、作物や家畜を守る。

§ アイルランドのメロウは、優しくて陽気な性格で知られている。

いたずら好きで邪悪な妖精

§ ゴブリンは群れをなしてうろつき、人間を脅したり、財産を破壊したりする。

§ ヒンズーの神話では、人肉を食べるラークシャサは聖職者を食らい、ハンセン病を広めるという。

§ イギリスのスプリガンは子供をさらい、家のものを盗み、作物を駄目にする。

§ インドの災いを呼ぶムミアイは、低いカーストの人々を襲い、その持ち物や庭を破壊して苦しめる。

§ ロシアのルサールカは、人間の男を誘惑し、溺死させる。

§ 日本の天狗は、死や戦争の先触れとなる。

詐欺師と泥棒

　妖精は人間をからかったり、苦しめたりするのが好きだ。アイルランドのレプラコーンは、人間、特に妖精の黄金を手にしようとする人間を騙すことで知られている。ピクシーは旅人を惑わせ、道に迷わせる。イギリスのボーグルは人間の家に忍び込んで物を散らかし、奇妙な音を立て、住人を悩ませる。

妖精は本当に願いをかなえてくれる？

物語や映画では、妖精は魔法の杖を振ったり指を鳴らしたりするだけで、たちまち人間の願いをかなえてくれる。だが、現実の世界ではそうはいかない――それは、妖精がまばたき1つで願いをかなえることができないからではなく、人間のほうにその準備ができていないからだ。私たちは、ほしいものがすぐに手に入るのには慣れていない。代わりに、現代の妖精は、正しい方向へ促したり、役に立つ見識を与えたりすることで私たちを導き、夢をかなえさせることが多い。だが、妖精の力も無限ではない。かなえられるのは、人間に可能な範囲の願いだけなのだ――だから、羽が生えて空を飛べますように、などという願いはしないことだ。

　妖精が人間に仕掛ける、最もありふれたいたずらは、どこにでもある家財道具を隠したり、動かしたりすることだ。以前、仕事に行く支度をしていた私は、バスルームの洗面台にブラシを置いて、落とし物を拾おうと身をかがめた。体を起こしたとき、ブラシはなくなっていた。数日後、それは〝魔法のように〟私が置いた場所に現れた。それは妖精が楽しむため、あるいは私たちの気を惹くためにやっているように思える。丁寧にお願いすれば、たいてい戻ってくるからだ。だから、次に鍵や眼鏡をなくしたときには、妖精に返してくれるよう頼んでみるといい。

　ジョン・グレゴルソン・キャンベルは『スコットランドのハイランド地方および島における迷信（Superstitions of the Highlands and Islands of Scotland）』で、エルフには泥棒の評判があると書いている。しかし、彼

妖精の目撃談

『ケルト諸国の妖精信仰 (The Fairy-Faith in Celtic Countries)』で、W・Y・エヴァンス＝ヴェンツは、ウェールズの農夫の奇妙な話を紹介している。その農夫はある晩、身長30センチほどの小さな人々が集団で牛小屋にいるのを見たという。妖精たちは彼のことなど構わず、素早く雄牛を殺して食べた。続いて、男が驚いたことに、彼らは雄牛を——小さな脚の骨1本を除いて——組み立て直し、完全に普通の見た目に戻した。ほしいものを手に入れた妖精たちは、翌朝には消えていて、牛はすっかり元気そうだった。ただし、骨をなくした脚だけは、わずかに引きずっていた。

らが盗むのはタールー（ものの価値）であり、実際のものではない。たとえば、エルフは牛の体はそのままに、乳を出す能力だけを盗むのである。

取り替え子

妖精が人間の子供を盗むという話は、民間伝承には数多い。多くの国の伝説で、妖精は家に忍び込み、異世界の子供と人間の子供をこっそり取り替える。人間の親は、妖精が自分たちの子供を〝取り替えた〟ことに、すぐに気づく場合も、気づかない場合もある。だが、気づいてからの結果は悲惨なものだ。

妖精はこの方法で、劣った子を捨て、強くて健康な子を手に入れること

で、自分たちの種を活性化させるという説がある。別の説では、妖精は好奇心から、もしくは人間を罰するために、人間の子供をさらうのだという。場合によっては、さらわれた子供は別の精霊に奴隷として売られることもある——一種の超自然的な人身売買である。また別の話では、妖精は7年ごとに地獄に血のいけにえを捧げなくてはならないという。自分たちの子供をいけにえにする代わりに、人間の子供をつかまえてこの古代の儀式に使うのだ。アイルランドの『タム・リン』（第6章を参照）という伝説に、この習わしが描かれている。

　人間界で最も著名な宗教家で、宗教改革のリーダーであったマルティン・ルターは、取り替え子を信じ、それを悪魔の子と考えていた。『卓上語録』で、ルターは異常を持った赤ん坊は取り替え子で、魂のない〝ただの肉の塊〟だという持論を展開している。この見解は、奇形として生まれた子供を無視したり、残酷な仕打ちをしたり、さらには何もできない子供

取り替え子への慈悲

ノーベル賞作家セルマ・ラーゲルレーヴは、小説『取り替え子（Bortbytingen）』で、精神や肉体に障害を負った子を捨てたり虐待したりする、数百年前のこの習慣をテーマにしている。この本では、女のトロールが人間の子供をさらい、自分の奇形の子供と取り替える。人間の父親はその取り替え子を殴るが、母親が仲裁に入り、トロールの子供を繰り返し守る。最後には、両親は実の子供と再会するが、彼らがトロールの赤ん坊にひどい仕打ちをするたび、自分の息子も同じ目に遭っていたことを知る。人間の母親の慈悲だけが、子供を救ったのだ。

を殺したりするのを正当化した。そして、こうした残虐行為をした者は、めったに告発されなかった。

異種間結婚

　人間は長きにわたり、妖精を完全に信用できずにいるが、2つの種族間の結婚はおとぎ話にはしばしば出てくる。ある場合には、人間が妖精の世界へと消えてしまう。別の場合は、妖精が人間界で暮らすことを選択する。セルキーやメロウの名で知られるアイルランドの水の精は、しばしば人間の姿で陸に上がり、人間の伴侶を得る。民間伝承によれば、それぞれアザラシの毛皮または赤い帽子を盗むことで、人間はこの美しい生きものをとらえることができるという。

　しかし、妖精には厳しい行動規範がある。人間は、自分の伴侶が妖精であることを誰にもいってはいけないし、土曜日には相手を見てはいけないし、入浴中の姿を見てもいけない。人間の男が妖精の妻を叩けば、彼女は夫を置いて永遠に妖精の国へ帰ってしまう。ウェールズの物語『ミズバイの医師』では、1人の農夫が水の精に恋し、3人の子供をもうける。男の子たちは何をやらせても優れていて、大人になって医師になり、驚くべき治癒能力と薬草療法で有名になった——それは妖精の母親から教わったものだ。しかし、夫に叩かれた妖精は、妖精のおきてを守るため、人間の伴侶を残して湖の家に戻ってしまう。

　こうした異種間結婚では、両方の親の特徴を受け継いだ異常な子供が生まれることがある。しかし、子供はどちらの世界にも完全にしっくりこなかったり、受け入れられなかったりする。こうした混血児の中で最も有名なのが、アーサー王の異父姉で強い力を持つ女魔法使い、モーガン・ル・フェイだという伝説もある。

妖精の輪──魔法の地に足を踏み入れたのを知る方法

　たまたま森の中や牧草地を歩いていて、地面に自然発生した輪を見つけるとしよう。少なくとも直径9〜12メートルのその輪は、妖精の輪かもしれない。エルフの輪やピクシーの輪という名前でも知られるこうした輪は、マッシュルームで輪郭が作られていたり、芝生が踏みしだかれていたり、焼かれていたり、あるいは異常に青々としている。民間伝承によれば、妖精の足がこうした輪を作ったという。妖精は外で集まり、輪になっ

妖精の世界を訪ねる

　もしも、妖精の世界への境界を偶然またいでしまったら、タイムワープをする可能性が高い。妖精界で1時間に感じるものが、私たちの世界では数カ月や数年に等しいかもしれないのだ。2度と戻ってこられない人もいる。戻ってきた人が、何らかの品を携えている場合もたまにある。コップやコイン、幸運を呼ぶお守りなどだ。だが、許可なく妖精の宝を持ち出せば、妖精の国を出たとたんに消えてしまう。

て踊るのが好きだからだ。

　妖精の輪を見つけるのが運のいいことなのか悪いことなのかは、はっきりしていない。私たちの祖先は、妖精の輪の中の牛が草を食べると、乳が酸っぱくなると信じていた。別の伝説では、妖精の輪に入ると謎の病にかかるという――あるいは、妖精に強いられて、正気を失うか死ぬまでダンスを踊らされるともいう。さらに別の話では、これらの輪は妖精界への門の役割を果たしており、人間がこうした輪に足を踏み入れると何年も、事によると永遠に妖精の世界に消えてしまうという。だが、妖精の輪に降りた露には癒しの力があるという説もあるし、妖精の輪の中に家を建てると幸運に恵まれるという話もある。妖精はこれらの輪の中に宝物を埋めていると思われるので、深く掘ればそれが見つかるというのだ。

　植物学者はまた別の説を立てている。彼らによれば、毒キノコを含むある種のキノコが、円形に胞子をまき散らすという。キノコが成長すると、土中の窒素を使い果たし、輪の形が残るのだ。このことが、妖精とキノコの関係の基となったのかもしれない。

妖精に気に入られ、呪いを避ける方法

　友好的な妖精の気を惹きたい？　それなら、彼らのために食べ物や飲み物を用意することだ。妖精の多くはミルクや蜂蜜、ワイン、果物、パンが好きだ。服やコイン、きらきらしたアクセサリーに惹かれる妖精もいる。お返しに、彼らは宝物や癒しの力をくれる。グリム兄弟の童話『森の中の3人の小人』では、妖精がパンのかけらと引き換えに女の子に黄金を与える。妖精に気に入られるには、次のようなことをするのもいい。

　　§ 妖精が住むための家を造る。
　　§ 歌ったり踊ったりして、妖精をそれに誘う。
　　§ フルートを吹いたり、ウィンドチャイムを鳴らしたりする。

§ 自然や動物を大切にする。

§ 有機栽培のものを食べる。

§ 菜食主義者になる。

§ 自然や野生を守る運動を支援する。

§ 庭に植物を植える（殺虫剤は使わないこと）。

だが、妖精にまとわりついてほしくない人もいるかもしれない。予測のつかない精霊と距離を置きたければ、祖先が使った対策を使うのもいいだろう。

§ 鉄でできたものを飾る。

§ 周囲に塩をまく。

§ ニンニクを吊るす。

§ ドアの上にナナカマドの枝を吊るす。

§ 大きな音を立てる。

§ 教会の鐘を鳴らす。

妖精を相手にするときの1番の助言は、用心には用心を重ねたほうがいいということだ。彼らに先手を打たせることだ。礼儀正しく接し、びくびくすることはない。彼らを自分の生活には入れず、自分も彼らの生活に入り込まないことだ。妖精に会ったり、妖精に贈り物をもらったりしたら、自分と妖精だけの秘密にしておかなければならない。妖精が夜中に立ち寄り、皿を洗ったり、厩舎を掃除したりするのは構わない。だが、食事に誘われたり、赤ん坊の子守りをしてやろうといわれたりしたときには、気をつけることだ。

単一の、正当な神話というものはない。
環境が変われば、私たちは別の物語を語
り、時代を超えた真実を伝えなければなら
ないのだ。

　　　　——カレン・アームストロング
　『神話がわたしたちに語ること』

第5章

おとぎ話

初期のおとぎ話の多くは、子供たちの道徳教育を目的としている。これらは少年少女に、親に従うこと、知らない人とは口をきかないことなどを教えた。さもなければ、いたずら好きな超自然的存在の犠牲になるのだと。大人たちにも同様の目的を果たす物語があった——特に、自分は社会の法に縛られないと考えている者や、普通の罰は避けられるほど頭がいいと思い込んでいる人々にとっては。こうしたおとぎ話は、読者が欲をかいたり、人をうらやんだり、不正直になったり、怠けたりしてはいけないといった、単純なメッセージを伝えている。そして、人間社会の権威からの罰を逃れられても、妖精の報いを受けなくてはならないと脅すのだ。一方、美徳を示した者は、妖精が願いをかなえてくれたり、贈り物をくれたりといった報いを受けるといわれる。

おとぎ話の中心テーマ

　おとぎ話が書き残されるずっと前から、人々は口承によってそれを伝えてきた。12世紀頃、西欧で知識階級のために寓話や民間伝承、叙事詩、バラッドが記録されはじめた。しかし、物語が記述されるようになると、それらは流暢さを失い、筆者の考えや目的、解釈が、のちの物語の方向性に影響を与えるようになった。

　『大いなる妖精物語の伝統──ストラパローラからバジーレ、グリム兄弟まで（The Great Fairy Tale Tradition: From Straparola and Basile to the Brothers Grimm）』の編者ジャック・ザイプスによれば、おとぎ話の役割は「人生における奇跡のような状態への敬意を呼び覚まし、奇跡的なプロセスとしての人生への、心の奥深くにある畏怖の念や敬意を刺激することだ。それは、ほとんどの人が経験している力や富、楽しみの欠乏への埋め合わせに変えることができる」ということだ。だからこそ、おとぎ話は何世紀もの時に耐え、今も人々を魅了しているのだ。

　妖精の物語であろうと推理小説であろうと、基本的に、よい物語はすべて〝ヒーローの旅〟とみなすことができる。主人公（ヒーロー）は、冒険に乗り出したり、何らかの試練を受けたりして、最終的な人格へと変わる。事実だと信じる必要はなくても、その物語は私たちを導き、教え、刺激する。それは、不思議なものへの感性を高め、何でも実現できるという希望を与えてくれる。

　おとぎ話の魅力的な面の1つに、日常生活を異界と並べられることが挙げられる──古代の神話だけでなく、『アバター』のような有名な映画も同じだ。おとぎ話の中で、ヒーローまたはヒロインは普通の人間だ。それが超自然的な生きもののいる異常な状況に巻き込まれたのに気づき、これまで自覚していなかった力も含め、自分の持っている力を総動員して、成功を勝ち取ろうとする。善と悪の力が対立し合うが、通常は善が勝つ。文化や時代にかかわらず、おとぎ話はこうした段階を踏み、次のようなプ

ロットの要素を含むことが多い。

1　主人公が社会のルールに反したり、有力者にたてついたりすることで、国外追放などの罰を受ける。主人公の希望が、家族や社会、集団に受け入れられない場合もある。また、主人公が階級——社会、民族、宗教、職業——の垣根を越えることで、地図にない領域に足を踏み入れるというケースもある。

2　主人公は敵対者と出会う。それは十中八九異世界の種族で、難題や脅しを仕掛けてくる。

3　主人公は仲間と出会う。最初は無能だったり、信頼できない人物に見える。この仲間は、彼に魔法の〝才能〟を差し出したり、まだ開発されていない彼自身の才能に気づかせたりする。

4　主人公は障害や挫折に遭って、才能に頼り、仲間を信頼することを余儀なくされる。これにより、彼は敵と戦えるようになる。

正しく生きた者への報い

グリムの『小人のおつかいもの』では、仕立て屋と金細工職人が一緒に旅する途中、小人の一団が丘の上で歌い踊っているのにたまたま出くわす。彼らは年老いた妖精に、ポケットを石炭でいっぱいにしろといわれ、その通りにすると、寝ているうちにそれが金の塊に変わっていた。仕立て屋はその貴重な贈り物に満足するが、欲深な金細工職人はもっとほしいと考え、次の夜に運べるだけの石炭を集めた。だが今度は、石炭は石炭のままで、前夜の黄金も石炭に戻ってしまった。

5　主人公は粘り強く奇跡を信じ、これまで気づかなかった能力を利
　用することで、成功（宝を見つける、女性を手に入れる、敵を倒
　すなど）をおさめる。

おとぎ話の分類

　世界じゅうで、おとぎ話には似たようなテーマが出てくる。物語の進化
を調べるため、民俗学者は主要なモチーフによって物語をグループ分けす
る〝アールネ ＝ トンプソンの民話タイプ・モチーフ・インデックス〟と
呼ばれるシステムを構築した。元々は1910年にアンティ・アールネが作っ
た（そして、以来何度も改良されてきた）このインデックスは、おとぎ話
を動物の物語や妖精の物語といった一般的な区分に整理したものである。
それから、さらに具体的な詳細に基づきこれらの区分を細分化している。

　たとえば、魔法の物語には 300 ～ 749 番が当てられている。この分類
の中には、超自然的な敵（300 ～ 399）、超自然的な、あるいは魔法にか
けられた肉親（400 ～ 459）、超自然的な支援者（500 ～ 559）、魔法の品
（560 ～ 649）、超自然的な力や知恵（650 ～ 699）その他がある。

　アールネ ＝ トンプソンのインデックスは、2500 以上のプロットの要素
を網羅しており、語り部は何百年にもわたってそれを物語の構成に使って
きた。また、民俗学者は物語がどのように代々語り継がれ、文化から文化
へと伝えられたかを調べた。おとぎ話のテーマを研究することで、研究者
は世界各地の行動や倫理、国から国への人の移動、時代とともに変わる社
会規範を理解することができるのだ。

おとぎ話の道徳観、理想、偏見

　時代を通じて、おとぎ話は社会の理想や倫理を運ぶ乗り物の役目を果た
してきた。場合によっては、歴史的な出来事に対する解釈にもなった。よ

なぜ、おとぎ話を〝妖精の物語〟というの？

すべてのおとぎ話が妖精に関するものではない。かつて、こうし
た魅力的なお話は〝不思議な物語〟と呼ばれていた。17世
紀、フランスの作家は古い民話を集め、上流階級のために文
学の形式に変更した。『シンデレラ』や『眠れる森の美女』といっ
た、私たちが大好きな物語の一部もここから来ている。フランス
ではこれらの物語を〝妖精物語〟と呼んでおり、それが英語に
訳され〝フェアリー・テイル〟となったのだ。

く知られている物語の多くは、時代とともに進化し、著者や収集家は自分
たちの文化や時代、さらには個人的な先入観に合わせて物語を変えてき
た。

　17世紀のフランスの作家シャルル・ペローは、この時代の愉快なエミ
リー・ポスト（1873〜1960年。米国の女性作家でエチケットの権威と
して知られる）とみなしていいだろう。彼のおとぎ話はエチケットの案内
書であり、国王ルイ14世の宮廷にいる若い女性たちを指南した。19世紀
には、グリム兄弟が昔話を収集し、それを書き直して、ドイツの下層階級
の子供たちにどうふるまうべきかを教え、社会に順応させた。グリム兄
弟は知識階級の出で、エリート意識の強い見解を持っていたので、彼らの童
話は現在では性差別主義者や人種差別主義者的な視点を持っているように
思われる——ナチス政権下のドイツでは、おとぎ話はプロパガンダにまで
使われた。

　20世紀になる前、おとぎ話は現在私たちが楽しんでいるものよりも
ずっと暗く、暴力的なものだった。現代版は陰惨な部分を削除し、幼い読

者（と、その親）にとって口当たりのよいものになっている。たとえば、グリム版の『シンデレラ』では、意地悪な義理の姉たちはシンデレラの小さなガラスの靴に押し込めようと、足の一部を切ってしまう──ディズニー映画では、この部分はうまく省略されている。ハンス・クリスチャン・アンデルセンの『人魚姫』では、ヒロインは舌を切除し、この上なく美しい声を失った上、1歩歩くごとに恐ろしい痛みを感じることになる──なのに、愛する王子は結局、別の女性と結婚するのだ。現代の少女の何人が、この物語を楽しいと思うだろう？

　現代のおとぎ話は、もっと美しい絵を描いてみせるが、以前のものと同じく道徳的なメッセージと、現代の考え方を反映している──それが、おとぎ話の根底にある目的なのだ。ウィリアム・J・ベネットが編纂し1995年に出版された『美徳の絵本（The Children's Book of Virtues）』は、おとぎ話をはじめとする子供向けの物語を意図的に編集し「親が子供によい人間の本質を紹介するのに役立て」させようとした。

　空想的なフィクションが、おとぎ話の暗い面に取って代わった、こうした物語では、善と悪はあいまいである──ヒーローには欠点があるし、悪人も血も涙もないほど邪悪なわけではない。登場人物は、私たちが尊敬する性質──勇気、誠実、正直、寛大──を表現しているが、悪人が示す性質のほうが、ずっと魅力的で信ぴょう性がある。現実世界と同じように、物語がどう運ぶか、常にわかるとは限らないのだ。

おとぎ話の心理学的な見解

　フロイト、ユングその他の心理学者は、おとぎ話を人間の心理を理解する道具として利用した。フロイトは、おとぎ話は無意識への門だと信じていた。彼はまた、おとぎ話には願望充足や性的なテーマが含まれていると考えていた。いわゆる〝集合的無意識〟の原型について広範囲な著作のあるユングは、その原型をおとぎ話にふんだんに見出し、患者の夢を分析す

道徳のテスト

2009 年の秋と 2010 年の春、サウスカロライナ州のチャールストン大学の研究者は学部生を対象に、ファンタジー系のロールプレイングゲームが若い人々の道徳の発達によい影響を与えるか、それとも悪影響を与えるかを調査した。彼らはまた、ゲームをすることで、通常の範囲を超えた経験をしたときに道徳的な決断を下す能力が高まるかどうかも知ろうとした。調査の結果、研究者は「想像力豊かなロールプレイングゲームは、道徳的成長を促すのに効果的だ」という結論を出した。

るのにおとぎ話を利用した。ユング派のセラピストの中には、おとぎ話のさまざまな登場人物は、個人のさまざまな面を代表しているという者もいる——私たちみんなが、自分の中に英雄や悪党、ペテン師、魔法使いを持っているのだと。

　心理学はまた、おとぎ話の登場人物や状況を象徴とみなしている。『オズの魔法使い』では、空飛ぶサルは不安の象徴とされる。『ヘンゼルとグレーテル』の森は、私たちがときおり感じる混乱や、途方に暮れた気持ちを表している。『美女と野獣』の野獣は、私たちや他人に、自分のよさから目をそむけさせる、内なる闇を象徴している。おとぎ話の〝愚者〟（子供っぽい、障害がある、頭が悪い、あるいは何らかの意味で無能な登場人物）は、私たち自身が気づかない部分を表している。

　おとぎ話は、人間のジレンマを解決する手引きにもなる。それはしばしば、私たちが日常生活で直面する苦難を象徴的に描く。おとぎ話は私たちに、絶望的に見える戦いでも続けること、勝利のためには慢心を捨てて他

人と力を合わせること、反対されても自分に正直であることを教えてくれる。心理学者で、1970 年代半ばに出版された『魔法の利用——おとぎ話の意義と重要性（The Uses of Enchantment: The Meaning and Importance of of Fairy Tales)』の著者であるブルーノ・ベッテルハイムは、おとぎ話は無力な子供たちが、大人に支配された世界と折り合いをつけるのを助けると主張している。

　夢と同じく、おとぎ話も自分自身や自分の意欲、隠れた部分をより明確に知るための方法である。それらはまた、私たちが住む世界や、その世界に期待されているもの、そして、その海を安全に航海する方法を見せてくれる。

映画の中の妖精

　多くの映画に妖精が登場するが、傑出しているのは1980年代の2つの作品である。

『ダーククリスタル』と『ラビリンス／魔王の迷宮』

　『ダーククリスタル』（1982年）はジム・ヘンソンとマペット担当のフランク・オズが監督し、『トロール』『フェアリー』などの著書がある作家でイラストレーターのブライアン・フラウドがコンセプトアートを作成した。物語の中心は、爬虫類的なスケクシス族とミスティック族という、2つの種族の進化と対立である。ある民族が、世界を統一できるクリスタルのかけらを見つけ、スケクシス族の地上支配を永遠に阻止する。エルフに似た生きもののジェンは、勇敢な旅に出る。この物語を、独創性がなく短絡的だと考える批評家もいるが、大半はその特集効果と、ジェンの声の演技が非常に卓越したものだという意見で一致している。

　ヘンソン、オズ、フラウドは、1986年に『ラビリンス／魔王の迷宮』で再び手を組んだ。主演はデイヴィッド・ボウイとジェニファー・コネリーである。モンティ・パイソンのテリー・ジョーンズが脚本の草稿を書き、『ダーククリスタル』よりもさらに不気味でありながら、明るくユーモラスな物語にしている。物語では、ゴブリンの魔王（ボウイ）が、ある少女の弟をさらい、少女は精巧な迷宮を旅して弟を探すことになる。

　最終的な脚本に手を加えた人々に、エレイン・メイやジョージ・ルーカスがいる。

『ハーヴェイ』

　最も魅惑的で不思議なアメリカの古典映画に、ジェームズ・ステュアート主演の1950年のヒット映画『ハーヴェイ』がある。メアリー・チェイスの舞台劇を元にしたこの映画の主人公、エルウッド・P・ダウドは、魅

力的だが明らかに無気力で、ややアルコールに依存している人物だ。彼といつも一緒にいる親友は、身長約190センチの見えないウサギで、名前は——もうおわかりだろう！——ハーヴェイという。

　この映画は想像力の賜である。エルウッドがハーヴェイに取り憑かれていることで、彼の姉と姪は悩んでいるが、ウサギの存在を疑うことはほとんどない。姉たちはエルウッドを説得して療養所に入れるが、病院の担当医はハーヴェイを受け入れるばかりか、エルウッドが平凡な生活を取り戻すために彼の助けを求める。

　実のところ、ハーヴェイとは何者なのか？　エルウッドは、興味を示した友人に、ハーヴェイはプーカだという——時を止めることのできる不思議な妖精のことだ。

　　ハーヴェイは、時計を見て時間を止めることができる。そしてきみは、好きなところへ——好きな人と——行き、好きなだけそこにいられるんだ。戻ってきたときには、1分も経っていない……。わかるだろう、科学は時間と空間に打ち勝った。ハーヴェイは時間と空間だけでなく——反論にも打ち勝ったんだ。

　プーカの例に洩れず、ハーヴェイにもいたずら好きな一面がある（映画の中で、登場人物の1人が辞書で「プーカ」の項を引くと、ハーヴェイはその定義を使ってあいさつする）。

　もちろん、物語はよくできたおとぎ話と同じ結末を迎える。エルウッドとプーカの友達は、満ち足りた様子で腕を組み、輝く夕日に向かって歩いて行くのだ。

PART 2

世界の
妖精

*FAIRIES FROM
AROUND THE WORLD*

人間、蝶、鳴き鳥の卵、人の心や夢のように、物語もはかないものだ。せいぜい、アルファベットの 26 文字と一握りの句読点という、弱く永続性のないものからできている。あるいは、それは空気に乗った言葉、音や思考からできているにすぎない——抽象的で、目に見えず、口に出したとたんに消えてしまう——これほど弱いものがあるだろうか？　けれども、冒険に乗り出したり、驚くべきことをなしとげたりした人々についてのささやかで単純な物語、奇跡や怪物についての物語には、それを語る誰よりも長く生きるものがある。そのうちの一部は、それが生まれた土地よりも長生きするのだ。

——ニール・ゲイマン「壊れやすいもの」

ブリテン人が大きな名誉として語る
アーサー王の時代には、
この国は妖精で満ちていた。
エルフの女王は楽しい仲間を連れ、
あちこちの緑の牧草地で踊っていた。

——ジェフリー・チョーサー
『カンタベリー物語』

第 6 章

イギリス諸島の妖精

チョーサーの「バースの女房の物語」にあるように、妖精はかつて、イングランドやスコットランド、ウェールズの片田舎や森に数多く住んでいた。だが、パーシー・ビッシュ・シェリーが「女王マブ」という妖精に関する神秘的な詩を書く頃には、妖精はイングランドを離れはじめていた。産業やテクノロジー、都会の広がりが彼らの領域を奪い、合理的な思考は、妖精などという下らないものを信じなくなった。しかし、人々はエルフやノーム、スプライト、さらに異世界の生きものが、今も人間とともに暮らしているという考えを捨てなかった——イギリスの田舎では、こうした生きものを見たという人たちさえいた。現在、テクノロジーや物質主義は拡大を続けているが、妖精はかつてない割合で戻ってきている。

シーリーコートとアンシーリーコート

　スコットランドの神話には、シーリーコートとアンシーリーコートという、2つの妖精のグループが登場する。伝説によれば、シーリー――〝祝福された〟とか〝聖なる〟とか〝光の〟妖精――はよい妖精で、ときおり人間を助けにくるという。かつて、シーリーは人間と交流し、彼らを助けた人間に見返りを与えていたが、現在彼らを目にするチャンスはごくわずかだ。この美しく、楽しいことが大好きな妖精は、音楽、ゲーム、詩、なぞなぞを楽しむ。再生の力と結びついている彼らは、風に乗って旅をし、太陽の光と笑いに満ちた国に住んでいる。すべての妖精と同じように予想がつかず、人間にいたずらをするが、深刻な害は与えない。

　アンシーリーコート――〝神聖でない〟または〝闇の〟妖精――は、人間を苦しめるのが大好きな悪い妖精と考えられている。彼らは挑発されな

慈悲深い妖精の女王

　昔々、あるスコットランドの騎士が、魔法の力を持つ女性を怒らせた。怒った女性は彼を、半分爬虫類の恐ろしい姿に変え、寒さとひもじさの中、何カ月も木の下に放っておいた。サウィン祭の夜（10月31日）、魔法にかけられたみじめな騎士は、音楽が近づいてくるのを耳にし、シーリーコートが田舎をパレードしているのを見た。トカゲ人間となった騎士を見つけたシーリーの女王は、哀れに思ってその頭を膝に乗せ、うろこに覆われた体を夜通し撫でた。朝になると、爬虫類の皮膚は破れ、騎士は邪悪な呪いから解放された。

くとも先制攻撃を仕掛け、夜になると姿を現して、油断している被害者を
スポーツのように殴るのだ。また、人間をさらってペットや奴隷にし、暗
くてみじめな妖精の世界で生きることを強いる。アンシーリーは死の力の
象徴で、空に黒雲として現れる——妖精そのものの姿を見ることはできな
い。だが、アンシーリーが風の中で吠えたり、笑ったりするのを聞いたと
きは、逃げることだ！

タム・リン

　人々が物語を書き残すようになる前から、スコットランドの吟遊詩人
は、妖精の手の中に落ちたタム・リンという若い騎士にまつわる暗く美し
いバラッドを歌ってきた。この昔話は、作家ホリー・ブラックやフォー
クロックバンドのフェアポート・コンヴェンションなど、現代の作家や
ミュージシャンに刺激を与えている。

　落馬して妖精の女王に囚われたタム・リンは、カータンホーに住んでい

アンシーリーの復讐

　遠い昔、アンシーリーの攻撃的で激しい性格が、妖精を絶滅から
救った。悪い人間の魔法使いが妖精を滅ぼそうと考え、恐ろしい
悪魔を集めて妖精を攻撃させた。ところが、アンシーリーがその獰
猛さで戦い、最後には悪魔を追い払った。アンシーリーの軍団は
深手を負わず、その勇敢さでほかの妖精たちを逃がした。今日ま
で、アンシーリーは人間を憎み、妖精に対して行った暴力の報い
として、人間を攻撃している。

て、そこに足を踏み入れる人々から通行料を取っていた。若い女性から
は、黄金や緑のマント、処女の純潔などである。そのため、物語のヒロイ
ンであるジャネットは、自分の土地であるにもかかわらず、父親からそこ
に行くことを禁じられている。

　自立した若い娘は、父親だろうがそこに住む悪党であろうが、他人に邪
魔されるのを嫌い、カータンホーの近くの森へ向かう。彼女はここで、茂
みから二重のバラを摘み、そのためタム・リンが現れる。彼は通行料、す
なわちジャネットの処女を要求する。だが、これはいわゆるレイプではな
く誘惑であり、ジャネットはこの謎めいた青年に恋をする。ジャネットは
子供を宿すが、周囲に恋人の名前を明かそうとしない。彼女はタム・リン
に、彼が父親になることを告げ、彼に人間の血が流れているのかを確かめ

るために、カータンホーへ向かう。

　彼は人間であることを認めるが、長い
こと妖精の国に住んでいて、妖精の女王
は彼を1番のお気に入りの騎士としてか
わいがっているという。彼はまた、ジャ
ネットに、妖精は7年ごとに仲間の1人
を地獄に捧げ、ほかの妖精の繁栄を願わ
なくてはならないのだと告げる。今年の
ハロウィーンには、彼は他の騎士ととも
に参列するが、自分がいけにえになるの
ではないかと恐れる。彼はジャネット
に、ハロウィーンのときに自分を白い馬
から引きずり下ろし、妖精たちから救っ
てくれと哀願する。

　その夜、ジャネットがいわれた通りに
すると、怒った妖精の女王は、恋人をイ
モリや蛇、ライオン、熱い石炭といった

恐ろしいものに変えて、ジャネットが手放すように仕向ける。女王の策略にかかるのを拒むことで、人間は妖精に打ち勝ち、恋人を救い出す。

　この変身物語は、妖精が自分自身や人間を魔法で別の生きものに変えられるという事実が、昔から知られていたことを意味する。気持ちをしっかりと持ち、恐れないことで、悪魔や人生に立ちはだかる試練を乗り越えることができると、この物語は教えている。『タム・リン』は、キリスト教以前の女性家長制に触れた、女性の力についての物語でもある。男性の騎士はまず妖精の女王にとらわれ、続いて恋人に頼って、妖精の国から救い出してもらわなければならないのだ。

タルイス・テーグ

　1188 年、ボールドウィン大司教と随行者のギラルドゥス・カンブレンシスは、ウェールズを旅して間近に迫った十字軍への関心を促していた。ギラルドゥスは道中『ギラルドゥス・カンブレンシス旅行記（Itinerarium Cambriae)』という日誌を書いている——ウェールズの妖精について書かれた最古の記録である。この中で彼は、タルイス・テーグと呼ばれる、身長 120 センチほどの超自然的な美しい種族について書いている。グウィ

妖精の国はとても楽しかった
だが、恐ろしい話がある
7 年が経つごとに
地獄にいけにえを捧げなければならない
私は美しく、はつらつとした体を持っている
今度は自分の番ではないかと怖いのだ

——ロバート・バーンズ

リオンまたはエサソンとも呼ばれるこれらの妖精は、アンスン（異界）という隠れた地に住んでいる。彼らの家にたどり着くには、湖や川など、水中にある秘密の通路を通っていかなければならない。

　タルイス・テーグは花と園芸を愛し、アンスンにはありとあらゆる驚くべき動植物や果樹が育っている。伝説によれば、毎年ベルテイン祭（5月1日）には、妖精は家の扉を開いて、この素晴らしい故郷に人々を招くという。招待客はブレックノックの湖のそばの岩にあるドアをくぐり、湖の中央に浮かぶ島へと向かう。そこで、タルイス・テーグは幸運な客たちを音楽でもてなし、島で育った甘い果物をふるまう。しかし妖精たちには、誰にも島からものを持ち出させてはいけないし、島の場所も秘密にしておかなければならないというおきてがあった。だが、1人の男が妖精の頼みをきかず、1輪の花を盗んだ。タルイス・テーグはアンスンへのドアを永遠に閉ざし、2度と部外者を魔法の国へ迎えることはなかった。

　出典によっては、この妖精は一族で暮らすという——タルイス・テーグは〝金髪の一族〟という意味で、最年長の男女が代々支配する。子供が100歳くらいになって成熟すると、一族を離れて同じくらいの年齢の仲間と暮らし、やがて結婚する。これは人間の若者とよく似ている。

ウェールズの水馬

ウェールズの民間伝承には、水に住むケフィル・ドゥールという、危険な魔法の馬が登場する。それは人間を乗せるが振り落とし、往々にして死に追いやる。だが、宗教指導者は乗りこなせるようだ——ただし、鞍から落ちたくなければ、口をきいてはならない。

　普段から人間に対して親切な女の妖精は、人間の男と結婚することもある。また、別の妖精と異種交配し、ベンディス・イ・ママウというエルフの子を生む。タルイス・テーグは、かわいらしい人間の男の子、特に金髪の男の子をことのほか好み、すきあらば誘拐するといわれている。そのため、用心深いウェールズの親たちは、かつては息子が6歳になるまでドレスを着せた。妖精が女の子と勘違いして、放っておくように。

モーガン・ル・フェイ

　アーサー王の宮廷は、イギリスで最も愛され、最も長続きしている伝説の舞台となっている。アーサー王物語で誰よりも魅力的なキャラクターが、王の異父姉、モーガン・ル・フェイだ。美しく、力があり、謎めいたモーガンは、しばしば邪悪な魔法使い、悪い娘、侮れない力を表している。誰もモーガンの真実を知らない——あまりにも多くの人々が、長年にわたってこの伝説を語り継いできたために、仮に正確なものがあったとしても、それを知ることはできないのだ。だが、この魅力的な存在が半分人間で半分妖精だということには、誰もが同意するだろう。

　ジェフリー・オブ・モンマスは、12世紀半ばに『マーリンの生涯』で初めてモーガンに言及している。ジェフリーによれば、彼女は空を飛び、思いのままに姿を変えることができるという。そして、多くの妖精と同じく、彼女も並外れた癒しの力を持っている。彼女は魔法の島アヴァロンに住んでいたが、これを現在のイングランドにある町グラストンベリーと結びつける研究者もいる。

　それから20年後、フランスの詩人クレティアン・ド・トロワが、モーガンをアーサーの異父姉とした。父なし子として女子修道院に送られ、そこで読み書きや占星術、ヒーリングを学んだ。大魔術師マーリンは、彼女に魔術を教えた。おそらくマーリンはモーガンを愛していたのだろう。しかし彼女は、魔術師本人ではなく、その知識だけがほしかったのだ。

　伝説によれば、モーガンは代わりにアーサーの友人ランスロットに恋を
した。だがランスロットの目には、アーサーの妻グィネヴィアしか入らな
い。驚くことではないが、モーガンは義理の妹である王妃を憎んだ。別の
フランスの作家は、モーガンはグィネヴィアとアーサーの両方を憎んでい
たという。女王の親類であるギオマールとの恋を彼らに引き裂かれたから
だ。それでも、モーガンは異父弟への思いやりを示し、最後の戦いで瀕死
の重傷を負った彼を、魔法の島アヴァロンへと運んだ。

　サー・トマス・マロリー——彼自身、謎めいたイギリス人で、正確な正
体も地位もはっきりしていない——は、15世紀の著作『アーサー王の死』
で、アーサー王伝説にまた別の注目すべき解釈を加えている。マロリーは
モーガンを、不義を犯した女で、アーサー王の宮廷における反抗的で破壊
的な力として描いた。さらには死者をよみがえらせる魔術師として。イギ
リスでのカトリック教会の影響に疑問が生じはじめた頃、マロリーは妖精
を、当時の政治的陰謀の破壊的なシンボルで、教会の教えと対立するもの
としたのだ。

　19世紀の終わりから20世紀初頭にかけて、モーガンはさまざまな作家
からさんざんに叩かれた——とはいえ、それ以前から彼女が好意的に書か
れたことは1度もなかったが。おそらく、力を持ち、知性的で、あからさ
まにセクシーで、しかも超自然的な知識のある女性というのが、ヴィクト
リア朝の頭の堅い読者には受け入れがたかったのだろう。だが20世紀の
終わりから21世紀初頭にかけて、西洋での女性の政治的・社会的地位が
向上するにつれ、モーガンはもっとましな扱いを受けるようになった。作
家マリオン・ジマー・ブラッドリーの『アヴァロンの霧』——現代のイギ
リスとアメリカで、キリスト教以外の宗教が復活した頃に書かれた——で
は、モーガンはキリスト教がイギリスにもたらされる前の古代宗教を象徴
している。

　妖精の魔術と人間の感情が奇妙に混ざり合ったモーガン・ル・フェイは、
複雑なキャラクターだ。ほかの妖精や、ほかのおとぎ話と同じく、この伝

説の進化も、女性や宗教、権力に対する、ほぼ1000年にわたる考え方の変化をうまく表している。モーガンを通じて、私たちは中世からの英語圏における女性の進化をたどることができるのだ。

シェイクスピアの妖精

　妖精は16世紀のイギリス文学で流行した。その理由の1つが、ウィリアム・シェイクスピアの楽しいロマンチックコメディ『夏の夜の夢』だ。この戯曲では、3人の妖精——オベロン王、愛らしい女王ティターニア、王の召使いパック（別名ロビン・グッドフェロー）——が、ギリシア貴族やアテネの職人の一団と出会う。オベロンとティターニアが、女王がかわいがっている取り替え子を巡って口論になったあと、女王は夫とベッドをともにすることを拒む。そこで王は、楽しいことが大好きないたずら者のパックに、魔法の花を手に入れさせる。オベロンはティターニアが眠って

妖精の援助者

　家事や庭仕事でちょっとした助けが必要なら、イギリスのブラウニーを呼んで、手を貸してもらおう。この親切な小人は、通常は身長120センチほどで、夜に出てきては家の人たちのために家事をこなす。彼らは台所を片づけ、芝刈りをし、雑用をこなし、いろいろな役に立ってくれる。この控えめな妖精は、茶色くてぼろぼろの召使いの服を着て、ぼさぼさの髪とひげを生やしている。だが、彼らにいい服を与えようとするのは得策ではない。腹を立てて、去ってしまうだろう。

いる間に、まぶたに花の汁を塗る。そうすることで、どんな生きものであ
ろうと、目覚めたときに最初に目にした相手と恋に落ちるのだ。彼女が恋
に目がくらんでいる間に、嫉妬深い王はその取り替え子をさらってしまお
うと考えていた。

　オベロンはパックに、ギリシア人の男たちのまぶたにもそれを塗るよう
命じる。彼らを愛していながら、冷たくあしらわれている女たちと恋に落
ちるように。だが、パックはミスをしてしまい、そこから喜劇が始まる。
魔法にかけられた夜、あらゆるいたずらや魔法、取り違えが、森の奥深く
で起こるのだ。しかし、すべて
はめでたしめでたしで終わる。
シェイクスピアが生んだいたず
らな妖精たちは、本気で害を与
えようとは思わないからだ。

　シェイクスピアは妖精に関す
る民間伝承を熟知し、妖精が魅
力的な文学の題材だと気づいて
いたようだ。彼はほかに『テン
ペスト』『ロミオとジュリエッ
ト』『ウィンザーの陽気な女房
たち』でも妖精について書いて
いるからだ。彼は妖精を、通常
は小さく、美しく、気まぐれに
描いている。『夏の夜の夢』で、
パックはオベロンとティターニ
アが口論になると「……妖精た
ちはみな震え上がり／どんぐり
の帽子に身を隠す」といってい
る。『テンペスト』では、アリ

エルという妖精が、別の妖精の特徴を示している。彼ももちろんいたずら好きだが、瞬時に旅をすることができ、姿も変えられる。

　十中八九、シェイクスピアはエドマンド・スペンサーの『妖精の女王』をよく知っていたことだろう。この叙事詩は、彼が『夏の夜の夢』を書き上げる6年前の1590年に出版された。寓話的な4巻からなるシリーズ——スペンサーの著作で最も長く、最も重要な作品——で、詩人は女王エリザベス1世を、妖精の女王グローリアーナのモデルにした。エリザベス1世はこの対比が気に入ったようで、スペンサーに桂冠詩人の地位を授けている。

女王マブ

　シェイクスピアは『夏の夜の夢』で妖精の女王をティターニアと名づけたが、『ロミオとジュリエット』では女王マブと呼んでいる。彼はマブを「その小さなことは、参事会員の人差し指にはまった瑪瑙の指輪ほど」で、寝ている人間の鼻から脳みそに入って、夢を見させるという。彼女は人間に

山を越え、谷を越え、
茂みをくぐり、いばらをくぐり、
原を越え、垣根を越え、
水をくぐり、火をくぐり、
どこへでも行く、
月の光よりも早く。
妖精の女王様にお仕えし、
夜露で緑の輪を描く。
　　　　　　——ウィリアム・シェイクスピア『夏の夜の夢』

いたずらをするのも好きで、1番のお気に入りのいたずらは、馬のたてがみや尻尾を三つ編みにすることだ。その三つ編みをほどこうとする者には悪運がふりかかる。（この習慣についての現代の解釈は、第3章を参照のこと）

パーシー・ビッシュ・シェリーは、魅惑的な詩「女王マブ」（1813年）で、この妖精の女王をより愛情を込めて次のように描いた。「驚くほど魅力的で美しく／聡明で、公正で、自然のままの姿」シェリーによれば、彼女は真珠の戦車を駆り、魔法の杖を持ち、耳に心地よい声で話すという。女王マブには、たくさんの義務もある。彼女は星や海を支配し、世界の秘密を守り、未来に何が起こるかを教える。銀の海に浮かぶ黄金の島で、空色のドームと光でできた床の宮殿に住み、そこでは時間や空間がまったく意味をなさなくなる。彼女はここから、人間の行動や過去、現在、未来を見るのだ。

ほかの妖精と同じように、マブも自然を愛する。彼女はアイアンシーと

シェイクスピアの妖精を描く

シェイクスピアの妖精は、18世紀から20世紀にかけてのイギリスの芸術家たちにインスピレーションを与えている。たとえばJ・M・W・ターナー、サー・ジョゼフ・ノエル・ペイトン、リチャード・ダッド、アーサー・ラッカム、ウィリアム・ブレイクなどである。性が抑圧されていたヴィクトリア朝時代には、人魚などの妖精が画家やコレクターにとって官能的な題材だったのだ。当時の現実の女性とは違い、神話の女性たちは裸体であったり、透けるような服を着ていたからである。

いう女性の魂を天上へ連れて行き、夢のような旅をさせてから人間界に戻すが、その魂に向かってこのようにいう。

> あの大地をごらん、
> 黄金の作物が実り、太陽は色褪せず、
> 光と生命を注ぎ、果実や花や木は、
> 次々と生え、すべてが語る
> 平和と、調和と、愛を。宇宙は、
> 自然の静かな雄弁さで宣言する
> 愛と喜びの仕事を全うすることを。

　この妖精の女王に、人間の願いをかなえるという肯定的な光を当てる作家もいる。たとえばＪ・Ｍ・バリーの『小さな白い鳥』では、彼女はピーター・パンに飛ぶ力を与えている。その他の作家は、彼女を狡猾で、危険で、人間に同情しない妖精として描いている。アメリカの作家ジム・ブッチャーは、『ドレスデン・ファイル』シリーズで、マブを魅力的な白髪の女性、空気と闇の女王としている。彼女はアンシーリーコートの強大な妖精の女王で、心は冷たく、かんしゃく持ちである。サイモン・Ｒ・グリーンの『シークレット・ヒストリー』シリーズ（Secret Histories）では、オベロンとティターニアの座を奪う。

　おそらく、この複雑な女王マブが作家にも読者にも魅力的なのは、妖精の多くと同じように、彼女も光と闇の要素を併せ持つからだろう。彼女は人間のように考えたり、ふるまったり、感じたりしない謎めいた存在で、そのため私たちは、常に彼女が何をするのか想像を巡らせなければならないのだ。

妖精の目撃談

　イギリスの詩人で画家のウィリアム・ブレイクは、自宅の庭で妖精の葬儀を見たという。アラン・カニンガムは、『イギリスで最も著名な画家、彫刻家、建築家の生涯（The Lives of the Most Eminent British Painters, Sculptors, and Architects)』で、ブレイクが「緑や灰色のバッタのような大きさと色の生きものが列をなし、薔薇の葉に乗せた遺体を運んで、歌を歌いながら埋葬し、消えていった」と語ったのを引用している。妖精は非常に長生きだが、不死ではなさそうだ。

ギルバート・アンド・サリバンの『イオランテ』

　シェイクスピアが『夏の夜の夢』を書いてから3世紀後、W・S・ギルバートとアーサー・サリバンという想像力に富んだ2人組が、政治を風刺したオペラ『イオランテ』で、妖精と人間をロマンチックに跳ね回らせた。妖精のイオランテは、妖精がたまにやることだが、してはいけないことをした。人間と結婚し、ステフォンという混血の子供を生んだのだ。彼女はそのあやまちによって妖精の国を追われ、息子を身分の低い羊飼いとして育てる。半分人間、半分妖精の彼は、フィリスという羊飼いの娘に恋をし、結婚しようとする――だが、貴族院のすべての議員、とりわけ大法官も、フィリスを熱愛していることが判明する。

妖精を集める

私たちは、スコットランドの作家、文化人類学者、歴史学者であるアンドリュー・ラングに感謝しなくてはならない。彼はさまざまな時代の、数多くの国の妖精物語を集め、保存したからだ。ラングはアンソロジーのシリーズを編纂し、『あおいろの童話集』『きいろの童話集』など、色でまとめた。彼が収集した童話の中には、アフリカや中国、インド、ロシア、その他の国々で生まれた物語を、初めて英語に翻訳したものもある。ラングの童話のシリーズは12巻で、1889年から1910年にかけて刊行された。彼は数えきれないほどのフィクション、ノンフィクションに加え、童話も執筆している。

　だが、混乱はここで終わりではない。フィリスはステフォンと母親のイオランテが一緒にいるのを見て、彼に騙されたと思う——妖精は年を取らないので、フィリスは彼女を若きライバルだと考えたのだ。彼女はステフォンを捨てて議員の1人と結婚しようと決意するが、それが妖精を怒らせる。報復として、妖精はステフォンを議会に送り、議員がステフォンの法案をすべて通過させるようまじないをかける——その1つに、出自ではなく教養に基づいて議員を選ぶべしというものがあった。最終的に、ステフォンとフィリスはよりを戻す。ほかの妖精たちは議員と結婚し、彼らを妖精の国へ連れて行って、教養ある人々に貴族院を引き継がせ、めでたしめでたしとなる。

　確かに、まったく馬鹿げた筋書きだが、その面白さにオリジナル公演は398回にのぼった。100年以上が経っても『イオランテ』は大西洋の両側

で観客を楽しませ続けている。

ティンカー・ベル──最も有名な妖精

　現代の妖精の概念を作ったのは、スコットランドの作家 J・M・バリー
だ。彼は 1904 年に『ピーター・パン──大人にならない少年』という戯
曲を書き、私たちが親しみ、愛するティンカー・ベルを登場させた。バ
リーが独自に創作した彼女は、ありふれた台所の妖精の役割で、女優が扮
するまでもなかった──彼女は光の輪としてしか現れないのだ。彼女を舞
台に登場させるには、1 人が鏡で照明を反射させ、もう 1 人がベルを鳴ら
して彼女の声にすればいい（どうやら、彼女のいっていることを理解でき
るのはほかの妖精だけらしい）。こうしたティンカー・ベルの登場の仕方
は 1950 年代半ばまで続いたが、やがてメアリー・マーティンが主演した
ミュージカル版がブロードウェイで上演されることになる。

　実際の妖精物語のように、バリーはその後も脚本を改訂・変更し、
1911 年には『ピーターとウェンディ』という小説版を出した。ほぼ 1 世
紀後、ティンクと仲間たちはジェラルディン・マコックランが書いた公式

聴け、聴け！　なんと細く澄んだ音か
さらに細く、澄んで、遠くまで届いてゆく！
ああ、はるか遠い絶壁から
妖精の国の美しい角笛が聞こえる！
吹け、紫色の峡谷のこだまを聞かせてくれ、
吹け、吹け。応えよ、こだまよ、小さく、小さく、
小さくなりながら

──アルフレッド・ロード・テニスン

の続編『ピーター・パン インスカーレット』に再び登場する。

　ティンカー・ベルが現在の姿になったのは、ウォルト・ディズニーのおかげだ。ディズニーはピーター・パンが大好きで、1935年にこの物語を長編アニメ化した。それまでのおとぎ話の作者と同じように、彼とスタッフは元の戯曲を数えきれないほど書き直し、プロットやキャラクターを変更した。初期のバージョンには暗いシーンや暗いプロットの要素があったが、最終的にはカットされた。映画は第2次世界大戦中は保留になっていたが、1953年にRKO映画社が公開し、何百万もの観客の心を奪った。

　昔のおとぎ話を現代風に改変するときにはよくあることだが、ディズニーはバリーの物語を一掃し、その過程で大暴れするティンクをおとなしくさせた。ディズニーのアニメ映画では、ティンカー・ベルは嫉妬深くて

「妖精」に騙される

　1920年、『シャーロック・ホームズ』シリーズの作者、サー・アーサー・コナン・ドイルをはじめ、世界じゅうの人々が、妖精が実在するという証拠を目の当たりにしたと信じた。いとこ同士のエルシー・ライトとフランシス・グリフィスが撮影した一連の写真に、コティングリーの庭で彼女らと遊ぶ、優美で羽の生えた生きものが写っていたのだ。エルシーの母親が、それを神智学運動のリーダー的存在であるエドワード・ガードナーに見せ、ガードナーが本物だと断言すると、イギリスの心霊主義者のコミュニティに知れわたった。しかし1981年、エルシー・ライトはこれが作り物だと認めた。妖精たちは、実際には紙の切り抜き細工にすぎなかったのだ。

> 妖精はあれやこれやとっても忙しいの。すごく小さく
> て、1度に1つの感情しか持てないからよ。
> ——J・M・バリー『ピーター・パン』

気まぐれだが、バリーの物語では徹底的に危険なキャラクターだったの
だ。たとえば、この悪意あるティンクはピーター・パンの仲間であるロス
トボーイの1人をそそのかし、ウェンディの心臓を矢で射らせ、ピーター
が殺害を命じたかに見せかけている。バリーはまた、ティンカー・ベルを
肉感的でセクシーで、ピーターを情熱的に愛し、ほかのキャラクターより
も成熟しているように描いている。しかし、彼女はウェンディとピーター
の愛を争うライバルにはならない。あまりに小さすぎるからだ。ティン
カー・ベル、ピーター、ウェンディの三角関係は、バリーの物語では少年
少女の性的な成長を表しているが、アニメ映画では重要視されなかった。
　ティンカー・ベルは、バリーが最初に描いたよりも重要な役割を得られ
るよう、自分に魔法をかけたにちがいない。現在、彼女は時代を通じて最
も有名な妖精になったのだから。

われわれの知る野原の彼方

　21世紀のファンタジー小説に影響を与えた最も重要な作家に、第18代
ダンセイニ男爵エドワード・ジョン・モアトン・ドラックス・プランケッ
トがいる。没落しつつあったアイルランド貴族の一員だった彼は、青春時
代をアイルランドとイングランドで過ごし、両方の国のさまざまな妖精の
物語を吸収した。
　アイルランド文学と伝説への世間の関心が大々的に復活したのは、20

世紀初頭のことだ。この文芸復興は、W・B・イェイツ、ジョン・ミリントン・シング、劇作家のレディ・グレゴリーやショーン・オケーシーといった作家を刺激した。ダンセイニも大いに影響を受け、生まれ故郷であるアイルランドの豊かな民間伝承に魅力を見出した。『影の谷物語』『魔法使いの弟子』『エルフランドの王女』、また数多くの短編を集めた『世界の果てで（At the Edge of the World）』や『われわれの知る野原の彼方（Beyond the Fields We Know）』など、彼の作品の一部には、このことが反映されている。

『エルフランドの王女』は、ダンセイニの小説で最も有名だろう。人間の国アールは、妖精の女王に支配されることを望む。そこで王の息子がエルフランドへ行き、統治者の娘を花嫁として連れ帰る。最初はその結婚はうまくいかない――妖精の花嫁は退屈し、人間の世界で自分が場違いだと思

ファンタジーの復活

1970年代、バランタイン・プレスが〝バランタイン・アダルト・ファンタジー〟という叢書で古典的なファンタジーや妖精物語を出版するまで、文学研究者を除いて現代の読者がダンセイニの著作を知ることはなかっただろう。この叢書は、最終的に100を超えるタイトルを発行し、その中にはウィリアム・モリス、ウィリアム・ホープ・ホジスン、L・スプレイグ・ディ・キャンプ、ジェイムズ・ブランチ・キャベル、マーヴィン・ピークといった、古典的なファンタジー作家の作品も含まれている。この叢書は、1970年代から80年代にかけて大人になった多くの作家にとって、ファンタジーへの重要な入門書となっている。

う――そして結局、エルフランドに戻ってしまう。夫は仕方なく、彼女を追って妖精の国へ行く。数々の冒険を経て、2 人はよりを戻し、妖精の王の強力な魔法により、アールはエルフランドに飲み込まれる。

Ｃ・Ｓ・ルイスと
ナルニア国の生きものたち

　1930 年代、40 年代、50 年代と、オックスフォード大学のあるグループが〈バード・アンド・ベイビー〉というパブに集っては酒を飲み、くつろぎ、自分たちが余暇に書いた小説の草稿を順番に読んでいた。グループの常連には、オックスフォードの特別指導教員だったＪ・Ｒ・Ｒ・トールキン、詩人でファンタジー作家のチャールズ・ウィリアムズ、作家のＣ・Ｓ・ルイスなどがいた。彼らはこのグループをインクリングズと呼んでいた。

　ルイスの第 1 の興味は、文学ではなく神学と哲学で、友人によれば、彼の性格には〝子供っぽい〟ところがあったという。おそらくそのために、友人のトールキンと比べ彼の作品には屈託のないところがあるのだろう。1950 年、ルイスは『ライオンと魔女』を発表する。これは魔法の国ナルニアを舞台にした 7 冊の本の第 1 作だ。ナルニアには、ドリアード（ドリュアス）、ドワーフ、ケンタウロス、巨人、言葉を話す動物など、架空の生きものが住んでいる。強いライオンのアスランが国を支配しているが、ほとんど不在である（「結局のところ、彼は飼いならされたライオンではないのだ！」）。『ライオンと魔女』は、4 人のイギリス人の少年少女が、私たちの世界からナルニア国へ行く道を見つけ、その国の強

ものをいうネズミ

厳密には妖精ではないが、ナルニア国物語で最も愛らしいキャラクターが、ものをいうネズミのリーピチープだろう。彼は身長 90 センチほどで、ほとんど黒といっていい毛皮に覆われ、羽を飾った細い深紅の頭飾りをつけている。光り輝く剣を持つが、それは即座に自分の——そしてほかの人々の——名誉を傷つけた者に復讐をするためだ。

大な王と女王になるという物語だ。

　ナルニアには魔法の生きものがたくさんいる。『朝びらき丸　東の海へ』では、3 人の人間の子供がナルニアを取り巻く海で素晴らしい航海を経験する。さまざまな驚きの中、彼らは海に住み、タツノオトシゴに乗り、波の下で法廷を開く小さな人々と会う。『銀のいす』では、子供たちは囚われの王子を助けるという危険な使命に乗り出す。その途中、沼人と呼ばれる奇妙な生きものに助けられる——彼らは泥のような見た目で、真面目で、きわめて悲観的な考え方をする。子供たちはまた、ただの土の中でなく、非常に奥深い地底で暮らすドワーフにも出会う。その洞窟は、さまざまな色の火で照らされ、冒険心があれば生きている宝石を採ることができる。

　イギリス国教会の熱心な会員だったルイスは、キリスト教のメッセージを広めたいと考え、自分の物語をキリスト教会と信仰の寓意にしようとした。だが、これは胸躍る冒険物語でもあり、私たちを魅了し、わくわくさせ続けている。

Ｊ・Ｒ・Ｒ・トールキンとホビット

「地面に開いた穴の中に、1 人のホビットが住んでいました」ジョン・ロ
ナルド・ロウエル・トールキン教授は、1 世紀近く前、オックスフォード
大学で論文の採点をしているとき、ふとひらめいてこの言葉を書き記し
た。今も私たちをとりこにする、妖精のファンタジー文学の傑作は、こう
して生まれた。イギリスの民間伝承は、作家Ｊ・Ｒ・Ｒ・トールキンに豊
富な素材を与えたが、彼は古代ヨーロッパの神話や、ドイツおよびノル
ウェーの伝説を使って、賞に輝いた『ホビットの冒険』を 1937 年に発表
し、続いて『指輪物語』3 部作を書いた。

　足は毛に覆われ、小さくて、穴に住み、人間そっくりの、ホビットと呼
ばれる生きものに加え、トールキンは中つ国にトロールやエルフ、ドワー
フ、魔法使い、ゴブリン、しゃべる木までも住まわせた。彼はエルフを美
貌で、音楽のような声を持ち、職人としての素晴らしい腕を持つ生きもの
として描いた。だがドワーフは貪欲で信用できず、トロールは短気で愚か
であり、ゴブリンはもちろん邪悪さの典型である。

　世界で最も愛される本の中でも、トールキンの物語は数千万部も売れて
いる。映画版の『ロード・オブ・
ザ・リング／旅の仲間』(2001 年)
と『ロード・オブ・ザ・リング／
二つの塔』(2002 年) は、封切ら
れたその年のうちに世界じゅうで
興行収入 10 億ドル以上を叩き出
し、数多くのアカデミー賞に輝い
た。シリーズ第 3 作の『ロード・
オブ・ザ・リング／王の帰還』
(2003 年) は、史上最高の興行
収益を上げている。ピーター・

ジャクソン監督、マーティン・フリーマン主演の新たな映画3部作『ホビット』は、2012年、2013年、2014年に封切られ、ファンにとって再びトールキンの魅力的な冒険を楽しむ機会となった。

ニール・ゲイマンの妖精ヌアラ

「おとぎ話は真実以上のものだ。ドラゴンが実在すると語っているからではなく、ドラゴンを打ち負かすことはできないと語っているからだ」作家ニール・ゲイマンはそう説明する。今世紀で最も有名な妖精物語の作者ゲイマンは、『サンドマン』シリーズやその他の作品で、読者を複雑な妖精の世界と、その住人のもとへいざなう。

　たとえばヌアラは、典型的な妖精の特徴や行動を数多く見せてくれる。どちらかといえば平凡な見た目のピクシーである彼女は、魔法の呪文を使って魅力的なブロンドに変身する。この変身する妖精は人間界と妖精の女王ティターニアが支配する妖精界を行き来し、人間の男性と交際する。

　ヌアラは、モーガン・ル・フェイや女王マブのような、ほかの文学に登場する妖精の力や神秘的な雰囲気を持たず、進んで他者（特に男性）に屈しているように見える。その理由はモルフェウスへの愛情だったり、兄弟への献身だったりするが、これは女性を支配し、無力化したいという男性の幻想を表しているとも考えられる。彼女の性格は、義務感を通じて成長する。これは、昔のおとぎ話に見られるキリスト教の道徳観の表れかもしれない。ヌアラは決して弱くない。むしろ、魔法の力を捨ててありのままの自分として世界に立ち向かうと決めたとき、彼女は意志の力と勇気を見せてくれるのだ。

『ヴァージニア・パイロット』紙の記者キャロライン・ルツァットは、ゲイマンの魅力──そして、おとぎ話全般の魅力の源をこう指摘している。「それらは普遍的な不安やあこがれを対象にしているため、共感を呼ぶ。さらにゲイマンは、ブギーマンを本物に見せるすべを心得ている。彼らの

着るものや語彙、酸っぱい息といった細部を満載し、この怪物自身が何を恐れているかをほのめかし、おそらく、この世界の本当の怪物は誰なのかを追究している」

アザミの綿毛のような髪の紳士

「魔術師と妖精との関係は象徴的なものだ。彼らは魔法を作り上げる」歴史改変小説『ジョナサン・ストレンジとミスター・ノレル』の作家スザンナ・クラークはいう。「この２つの種族の関係が、イギリスの魔法を形作った」

　この関係を再検討することが、2004年に出版され高く評価されたクラークの小説の中心となっている。彼女は２人の19世紀の魔術師を登場させ、工業化されすぎたイギリスに魔法を取り戻させようとする。そして、〝アザミの綿毛のような髪の紳士〟と呼ばれる魅力的な敵を登場させる。これは、彼の最も目立つ特徴である、もじゃもじゃの白髪を表したあだ名だ。紳士はロスト・ホープという王国の支配者で、本名を明かさない。なぜなら、精霊が魔術師に名前を知られると、相手に支配されてしま

すべての女性に妖精が潜んでいる。だが、真面目に取り合ってもらうために、それをどれほど注意深く隠しておかなければならないことか。その妖精はあらゆる姿、色、大きさ、タイプをしているが、浮ついている必要はない。その気になれば、要求したり怒ったりしてもいい。だが、彼女たちはティアラをつけていなくてはならない。それは欠かせない。

　　　——ドーン・フレンチ『小さな素晴らしいもの（A Tiny Bit Marvellous）』

うからだ——そして紳士には、敵に力を渡す気はなかった。

　紳士は、花の中をひらひらと飛ぶ、小さな、蜘蛛の巣のような羽を持つ生きものとは少しも似ていない。平均的な男性より少し背が高く、羽は生えていない——そして、決して親切ではない。はっとするような白髪に加え、ハンサムな紳士の容貌は、ゲルマン人やスカンジナヴィア人譲りだ。白い肌、青い目、角ばった輪郭などだ。だが、彼は奇妙に上向いた黒い眉毛を生やし、肌は触れると氷のように冷たい。それでも、多くの妖精と同じく、彼は緑色を好んでいる。彼は（少なくとも摂政時代の）最新流行である、緑のベストを着ている。また、典型的な妖精の行動を見せる——自然の力と共鳴し、姿を変えることができ、気まぐれで、人をさらうのが好きで、死にかけた戦士のはらわたを見ることで未来を予言できる。紳士は人間の気持ちや幸福にはほとんど関心はなく、自分のルールに従う。小説の中で、別のキャラクターに卑劣なまじないをかけることもその 1 つだ。雑誌『サロン』で、作家のローラ・ミラーは『ジョナサン・ストレンジとミスター・ノレル』の「泥と血にまみれた、衝動的な妖精の気性は、基本的にイギリス人のものである」といっている——確かに、この小説は「イギリス人であることがどういうことかについて書かれたものだ」が「クラークの魔法は普遍的なものである」。

『ジョナサン・ストレンジとミスター・ノレル』は、『ニューヨーク・タイムズ』のベストセラーリストの 3 位に入り、『タイム』誌の 2004 年のベストノベル、2005 年のヒューゴー賞長編小説部門など、数えきれないほどの賞を獲得している。ＴＶシリーズは、2015 年から BBC で放送されている。

　妖精その他の魔法の生きものは、おそらく人間がイギリスの地に足を踏み入れてから、人々の考え方だけでなく、神話や民間伝承には欠かせない役目を果たしている。Ｊ・Ｋ・ローリングやニール・ゲイマン、スザンナ・クラークの書いた本が、21 世紀に驚くべき成功をおさめたように、魔法は今もイギリスに息づいているのだ。

妖精たちよ、
私をこの退屈な世界から連れ出してくれ、
ともに風に乗って旅をし、
渦巻く潮の上を駆け、
山の上で炎のように踊ろう

　　　——ウィリアム・バトラー・イェイツ

　　　　　　「念願の地」

第7章

アイルランドの妖精

魔法を信じている？　あなたがアイルランド人の血を引いていれば、たぶん信じているだろう。レプラコーン、エルフ、その他の妖精は、アイルランドの民間伝承で生き生きとした地位を築き、〝アイルランド人の幸運〟（非常に運が強いこと）に一役買っていると考えられている。事実、多くのアイルランド人が、自分たちが神秘的な生きものの子孫で、今も妖精の血が流れていると信じている。伝説によれば、古代の神の血を引く一族がいて、人間や地球のためにこの遺産を守る責任があるという。

トゥアハ・デ・ダナーン

　神なのか女神なのか？　ヒーローなのかヒロインなのか？　妖精なのか超人なのか？　トゥアハ・デ・ダナーンの物語は複雑で、時に矛盾する。神話によれば、この〝ダヌの子供たち〟はアイルランド人の祖先で、かつ

てはエメラルドの島（アイルランドの愛称）を支配し、ダヌの息子ダグザ
に率いられていたという。彼らは4つの魔法の都市——ファリアス、ゴ
リアス、フィンジアス、ムリアス——から移住してきて、魔術、芸術、鍛
冶、詩、音楽、癒しを持ち込んだという。

　彼らは雲に乗り、豊穣を祈るケルトの祝日ベルテインの夜に、4つの都
市のドルイドから与えられた以下の4つの魔法の品、すなわち〝神器〟を
携えてアイルランドにやってきた。

　§ 常に的を射るルーの槍。火の元素の象徴。
　§ リア・ファルと呼ばれる運命の石。これはダナーンとこの土地を
　　つなぎ、アイルランドの王と女王を選ぶことができるようにする。
　　土の元素を表す。

妖精の目撃談

　　カトリック教会がトゥアハ・デ・ダナーンを撲滅しようとしたに
　もかかわらず、アイルランド人は彼らをあがめ続けた。12世
　紀の『古老たちの語らい』によれば、セント・パトリックで
　さえ彼らと会ったという。ロスコモン州クルアチャンで、パト
　リックは緑のマントを着て金の冠をかぶった、美しい女性の
　妖精を見た。幽霊のような連れが彼にいった。「彼女はトゥ
　アハ・デ・ダナーンで、衰えることがない……私はミレトス
　の息子で、衰え、消えていく」

§　戦いに勝利をもたらすヌアザの剣。これは空気の元素を表している。

§　決して空にならず、癒しの力も持つダグザの大釜。水の元素を象徴している。

　現代の魔術師もこの4つの品を使うが、通常は違ったやり方で利用する。また、これらの象徴がタロットのスートに描かれているのを見たことがあるだろう。

　伝説によれば、ダナーンは並外れて美しく、大きさや姿は人間に似ていて、知性と賢さがあるという。超自然的な存在でありながら、しばしば人間とかかわり、助けたり害をなしたりする。また、人間と結婚することもある。多くの異世界の生きものと同じく、彼らも年を取るのが非常に遅く、長命だが、不死ではない。

ミレトス人の侵攻

　紀元前19世紀、ゲール人の祖先であるミレトス人が、スペインからアイルランドへ出帆した。ミレトス人の船が現れると、ダナーンは濃い霧を呼び、エメラルドの島を隠して攻撃を免れようとした。それでもミレトス人はダナーンを打ち負かし、彼らを地下の魔法の世界へ追いやった。12世紀の『レンスターの書』によれば、ダナーンはミレトス人の穀物を駄目にし、ミルクを酸っぱくさせて仕返ししたという。現在でも、アイルランドの人々はミルクとパンを供えて精霊を鎮める。

　トゥアハ・デ・ダナーンは亡命中の神として生きているという説もある。別の説では、ミレトス人に負けたあと、彼らは妖精に格下げされたという。さらに別の研究者は、トゥアハ・デ・ダナーンをめぐる神話は、青銅器時代（ダナーン）から鉄器時代（ミレトス）に至るまでの人間の史実や遷移を象徴していると主張している。

トゥアハ・デ・ダナーンの言葉

　トゥアハ・デ・ダナーンは、オガム文字をアイルランドに持ち込んだとも考えられている。この古代ルーン文字のような体系では、アルファベットが木の幹に相当する――その文字は、枝の生えた木の幹を定型化したようにも見える。ルーン文字は、未来を予言する神託にも使われており、それぞれの文字は特定の概念を示している。オガム文字は記述あるいは署名に使用されていたようだ。アイルランドの各地で、オガム文字が刻まれた石を見ることができる。

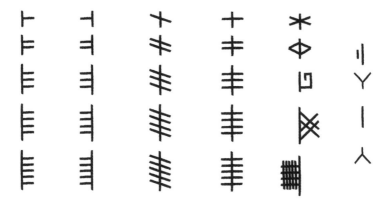

聖なる丘の住民

ダナーンはミレトス人から逃れ、アイルランドの田園地帯の山や隠れ穴、聖なる丘に逃げ込んだ。彼らは魔法で、シーという家を人間の目から隠した。ダグザは妖精の王となり、彼の部族は姿の見えない不死の種族となった。時を経て、こうした丘や隠れ穴に住む異世界の生きものは彼らの家と同一視され、シーと呼ばれるようになった。

シー

トゥアハ・デ・ダナーンから進化したシーは、超自然的な種族として存在しつづけている。厳密には神ではないが、人間とは違う存在だ。彼らを堕天使と考える説もある。神話によれば、人間が彼らをたたえ、その存在を信じるのをやめてから、大きさは小さくなったものの、人間に似た姿は変わらないという。アオス・シー、ディーナ・シー、その他の名前でもアイルランド文学に登場する彼らは、特に田園地帯では今もアイルランド人と交流し、その土地と湖を守っている。

多くの妖精と同じく、彼らもあっという間に姿を消したり、変身したりすることができる。美貌で、貴族的な身のこなしのシーは、部族や氏族として集まり、妖精の王と女王に支配されている。アイルランドの人々は、彼らをしばしば尊敬を込めて〝ジェントリ〟と呼ぶ。聖なる丘の下の、深い穴の中で、シーは黄金と宝石でできた巨大な城に住んでいる——もちろん、人間の目からは隠れて。彼らはそこで盛大な宴会やお祝いを開き、音楽やダンスを楽しむ。ある物語では、彼らは貴重な宝石を、金の床に銀の壁、ダイヤモンドがちりばめられている、シフカと呼ばれる不思議な場所に蓄えているという。

妖精の宝物を見つけたい？　満月の夜、妖精の砦の周りを9周すると、シフカの入口が見つかるという。だが、入るかどうかは自己責任だ。妖精

妖精の目撃談

建築家で、『神の居場所はない（No Place for God）』の作者モイラ・ドーリーは、自然の精霊が群れをなして小川のほとりをパレードしているのを見たことがあるという。彼女がストライプと呼んだ、緑と茶色のストライプの服を着た妖精たちは「背が高く、ほっそりしていて、動いていないのに動いていた」という。明るい緑の服を着たインプたちが、ストライプと一緒になって踊っていた。妖精のあとをつけるドーリーに、彼らは同じような服を着せようとしたが、彼女は断った。妖精たちは彼女を「岩を切り出したような」穴に連れて行った。「そこには細長いテーブルがあり、食事の支度ができていた。再びインプに着替えるよういわれたが、私は断った。ストライプは期待するようにじっと立っていた。多分、私にテーブルについてほしかったのだろうが、そうするわけにはいかなかった。それから、私はこんな言葉を聞いた。『おまえさんは200年ぶりにここへ来た人間だ。われわれの仲間に加わるといい』私は背を向け、気がつくと小川に戻っていた。私の直感は、ストライプと〝かかわる〟ことには何の得もないと告げていた。そのけだるく、夢を見ているような様子には、〝無気力さ〟と空虚さがあった。本能的に、ここにいてはいけないし、テーブルについてもいけないと思った。たくさんのことをあっという間に忘れてしまいそうだったからだ」

の魔法にかかって、この魔法の場所から 2 度と戻れなくなるかもしれない
からだ。

　シーは、リメリックという町の南東部にあるガー湖に集うのが好きだ。
この美しく古い町には、魅惑的な湖、ストーンサークル、巨石を使った
墓、湖上の住居がある。伝説によれば、7 年に 1 度、湖の水がなくなり、
常若の国ティル・ナ・ノーグが現れるという。だが、人間が興味を惹かれ
ても、気をつけたほうがいい。このときには、妖精バン・インが人間を湖
に引きずり込み、妖精の国に連れて行ってしまうからだ。

　アイルランドのバンシーについては、聞いたことがあるに違いない。こ
の言葉は〝丘の女〟を意味するが、この女の妖精には恐ろしい評判がある。
死の先触れとして、死を迎えそうな人間がいる家に姿を現し、泣き叫びな
がら警告するのだ。彼女たちはしばしば、長い髪にぎらぎら光る赤い目を
した老婆の姿をして、緑のドレスの上にグレーのマントをはおっている。
古いアイルランドの一族には、その家のバンシーがいて、肉親が息を引き
取ろうとしているのを知らせるという。高く評価されたショーン・コネ
リー主演のディズニー映画『ダービーおじさんと不思議な小人たち』（1959
年）では、バンシーは恐ろしくも忘れがたい姿で登場する。

すべての丘に
妖精たちが戻ってきた
心も軽やかに魅了されているのは
乳白色の人間たち

　　　　　　——アイルランドの神智学者
　　　　　ジョージ・ウィリアム・ラッセル
　　『子供たちの夢（The Dream of the Children）』

妖精の階層

　人間や神々と同様、妖精も階層や社会階級に分かれている。『アイルランド農民のおとぎ話と民話（Fairy and Folk Tales of the Irish Peasantry）』で、著名なアイルランドの詩人ウィリアム・バトラー・イェイツは、シーの主な2つのグループを挙げている。群れなす妖精と孤独な妖精だ（この定義は、スコットランドやウェールズの伝説にも見られる）。人間界でいえば、支配者階級と労働者階級とだいたい同じである。

群れなす妖精

　群れなす妖精と呼ばれるのは、彼らが長く仰々しい列を作って田園地帯を旅するからだ。アイルランドの妖精の貴族階級は、行列のために優美な衣服で飾り立て、トランペットやハープ、フルートを演奏する。妖精の馬に乗る者もいれば、きらびやかな戦車に乗る者もいる。群れなす妖精を見た人間は、彼らの服装を中世かルネッサンスの様式だと語る。高級な布地でできており、豪華な宝石が飾られていると。

　この愉快な妖精たちは、集団で暮らし、旅をする。壮大な城に集まってごちそうを食べ、古代のストーンサークルや森のそばで歌ったり踊ったりするのが大好きだ。特にサンザシやオークは彼らにとって神聖な木で、こうした木を傷つければ、彼らの怒りを招くだろう。普段は人間に敵意を持たない群れなす妖精は、人間の営みに多少の興味を持っている——特に、人間のものに魅力を感じて盗んだり、いたずらを仕掛けたりするときだ。

孤独な妖精

　その名前が示す通り、孤独な妖精は1人で生きるのを好み、いかなる集まりも避けて通る。群れなす妖精が妖精界を支配する一方、孤独な妖精はアイルランドの野原や森、湖、川を守っている。この隠遁した、自然を愛する生きものは、森や水の中をすみかにしている。妖精界の農民である彼

妖精に干渉してはいけない

1992 年に妖精たちを怒らせるまで、ショーン・クインはアイルランド一の大金持ちで、財産は 50 億ユーロ近くあった。ところが、クインは重大な罪を犯してしまった。彼はカバン州バリーコネルの近くにある、オグリム・ウェッジ墓地と呼ばれる 4000 年前の巨石墓地を解体したのだ。クインはコンクリート事業のために採石場を拡大したかったのだが、古代の墓地がたまたまその邪魔をしていた。そこで彼は、石を 1 つずつ動かし、自分のスリーヴ・ラッセル・ホテルに運んだ。それ以来、クインは自分の帝国を失い、破産を申し立てた。

らは地味な暮らしを送り、めったに人間と交流しようとしない——人間のほうは、たまに田舎で彼らを見かけるが。彼らに出会ったら、そっとしておくのが 1 番だ——この愛想の悪い妖精は、いたずらや意地悪をするかもしれないからだ。

レプラコーン

　レプラコーンはアイルランドと同義語だ。彼らのいないエリンを想像できるだろうか？　多くのアイルランド人には想像できないはずだ。2011 年、クーリー蒸溜所が、アイルランド人がレプラコーンを信じているかどうかを調査した。半数以上が、このずる賢い生きものがかつてエメラルドの島に住んでいたと答え、3 分の 1 がレプラコーンは今も存在すると考えていた。

　ひょうきんな性格で知られる、この賢い小男は、靴を作ったり服を縫ったりなど、妖精の紳士のために仕事をする。実のところ、彼らは定職を持っている数少ない妖精のタイプの1つだ。エルフの氏族の一部である彼らは、赤毛とひげ、奇妙な緑の帽子、緑の服、バックルのついた靴という格好で見分けやすい。時にはブライアーのパイプを吸い、節くれだった杖を持ち、下襟や帽子のリボンにシャムロックの葉を飾る。音楽家として有名なレプラコーンは、ヴァイオリンやブリキでできた笛、ハープ、バグパイプ、その他の楽器を演奏する。また、ジグを踊るのも大好きだ。

　ほとんどの妖精は人間にいたずらをするが、狡猾ないたずら者としてのレプラコーンの評判は、ほかの妖精を上回っている。さほど邪悪ではないが、いたずら好きなこの妖精たちは、親切に接している限りは家の周りに災いを起こす程度のことしかしない。だが、レプラコーンを信用してはいけない──特に、伝説的な金の壺にかけては。民間伝承によれば、この捕えがたい小人をつかまえると、彼は宝の隠し場所を明かさなければならないという。実際に取り押さえられる可能性は薄いが、ベンチに座って靴の修理に没頭しているときに後ろから近づけば、チャンスはあるかもしれない。

　トムという名のアイルランドの若者がレプラコーンをつかまえ、宝のありかを白状しろといった。しばらく口論したあと、レプラコーンは同意し、トムを広いアザミの原へ連れて行った。そして、そのうち1本を指し、このアザミの下に大きな金の壺が埋まっていると農夫に告げた。トムは家にシャベルを取りに帰らなくてはならないことに気づき、そのアザミに赤いスカーフを結びつけ、戻ってくるまでアザミにもスカーフにも手を触れないよう妖精に約束させた。レプラコーンは同意した。ようやくトムは妖精を解放し、妖精はすぐにどこかへ消えてしまった。急いで家に行き、野原へ戻ったトムは、レプラコーンが約束を守っているのを知った。彼はアザミにもスカーフにも手をつけていなかった──だが、赤いスカーフを野原じゅうのアザミというアザミに結びつけていた。トムは宝がどの

スポーツ好きなレプラコーン

バスケットボールチームのボストン・セルティックスは、チームに幸運をもたらしてもらえるよう、レプラコーンをマスコットに選んでいる。ロゴに描かれた彼は、シャムロック柄のベストに蝶ネクタイ姿で、パイプをふかしながら棍棒にもたれ、指でバスケットボールを回している。そして、何でも意のままになることを知らせるためにウィンクしている。レプラコーンは、ノートルダム大学のファイティング・アイリッシュ・フットボールチームのマスコットでもある。ロゴに描かれているのは、かかってこいとばかりにこぶしを上げる姿である。

アザミの下に埋まっているかわからなかった。

ホリー・ショート

「人間は下がっていなさい。何を相手にしているのか知らないのよ」地底警察偵察隊、通称 LEP レコン（レプラコーンのしゃれを狙っている）に所属する、勇敢で明るい警部の彼女はそう警告する。彼女はエルフでもある。

　身長 90 センチ強で、短い赤褐色の髪、ハシバミ色とブルーの目（片方ずつ）、尖った耳という魅力のため、彼女は 80 歳を超える実年齢よりもずっと若く見える。体にぴったりした緑のボディースーツはスリムな体を際立たせ、それにもちろん、空を飛ぶこともできる。オーエン・コルファーのベストセラー、『アルテミス・ファウル』シリーズで、ホリーは

アルテミス・ファウルという 12 歳の犯罪の天才の餌食となり、彼と戦い、助け、協力し、恋心を抱く。アクション満載の 8 巻のシリーズで、彼女はアルテミスと愛憎半ばする関係になる。シリーズの初期では、アルテミスは妖精界を利用して金儲けをしようと考え、ホリーを誘拐して妖精たちの怒りを買う（これは決していいことではない）。その後の作品では、ホリーとアルテミスは、協力して人間界の敵や異世界の悪党のたくらみをくじくことを学ぶ。

　アイルランド人作家のコルファーは、ヤングアダルトの読者を、妖精やトロール、ドワーフ、ゴブリンといった魔法の生きものが住む世界に招いている。2001 年から 2012 年にかけて出版された小説は、世界で 2100 万部以上売れ、最初の 2 作を元とした映画版が製作中である。

　キリスト教と産業主義によって、アイルランドで妖精が住む土地は失われたが、エメラルドの島の住人が妖精を信じる気持ちを捨てることはなかった。そして、これからもないだろう。

古代の神話の神々は半神半人や古い詩の英雄となり、これらの半神半人は、のちにふたたび、おとぎ話の主人公となる。

——ドイツの学者・哲学者
マックス・ミュラー

第 8 章

北欧の妖精

私たちが最も愛するおとぎ話の多くが、北欧から来ている──善と悪、愛と切望、対立と救済、魔法と神秘を描いた不朽の名作だ。『シンデレラ』『眠れる森の美女』『人魚姫』を知らない西洋の子供たちがいるだろうか？　北欧の物語と聞けば、普通はグリム兄弟やハンス・クリスチャン・アンデルセンを思い浮かべるが、超自然的な生きものや魔法の国に関する物語は口承で伝えられていた──何世紀にもわたる移住と征服の間、国から国へと伝えられてきたのだ。こうした有名作家が収集し、解釈するずっと前のことだ。フランスやドイツ、スカンジナヴィア、オランダの物語を読むと、数多くの類似点があるのに気づくだろう。それは、妖精が時間と国境を越えて、あらゆる時代と文化の子供たちを楽しませてきたことを示している。

ドーノワ夫人

〝妖精物語〟という言葉を生み出したのは、フランスの貴族マリー＝カトリーヌ・ル・ジュメル・ド・バルヌヴィル、ドーノワ男爵夫人だ。貴族の生まれの彼女は、16歳でパリ人のドーノワ男爵と結婚し、その20年後に作家として活動しはじめる。最も知られた著作は妖精に焦点を当てたものだ。最初の短編集『妖精物語』は1697年に出版され、1年後に『妖精物語または当世風の妖精』が続いた。

　ドーノワ夫人は、子供たちを読者として想定していなかったが、物語の多くに魅力的な動物が登場する。しゃべる白い猫、妖精の雌ライオン、魔法にかけられたカエル、不思議なイルカなどだ。彼女は子供ではなく、ブノワ通りのサロンでもてなす、フランス社会のエリートのために物語を書いた。17世紀、おとぎ話はサロンで爆発的に流行したのである。印刷技術の進歩によって、上流階級に物語が広がり、外国の民間伝承を読むのが容易になった。女流作家はたくさんの文学的なおとぎ話を書き、古い民話を潤色して、知識層を楽しませた。その結果、おとぎ話の人気は高まり、洗練された文章はより教養の高い、裕福な読者を魅了したのである。

シャルル・ペローとマザー・グース

　ドーノワ夫人の同時代人、シャルル・ペローは、私たちにマザー・グースと、今も楽しまれている数多くのおとぎ話を与えてくれた。17世紀の知識人の重鎮であったペローは、1697年に『寓意のある昔話』または『マザー・グース』というタイトルの8編の物語集を刊行した。この物語集には『眠れる森の美女』『シンデレラ』『長靴を履いた猫』『赤ずきん』などが収録されている。これらのおとぎ話はペローが原作ではなく、すでに有名な民間伝承として存在していた。しかし、彼はそれに文体や深みを加えて磨き上げ、文学にまで高めたのである。

マレフィセント
——悪役なのか、誤解された妖精なのか？

ペローの物語で最も有名な妖精、マレフィセントに会えるのは『眠れる森の美女』だ。彼女は妖精の名づけ親だが、オーロラ姫の命名式に呼ばれず、そのお返しに赤ん坊に呪いをかけた。マレフィセントのいう通りになれば、姫は16歳になった年に糸車で指を刺し、死に至る。別の妖精の名づけ親がその呪いをやわらげ、姫は死ぬ代わりに、王子のキスで目覚めるまで深い眠りにつくことになる。

おとぎ話とフェミニズム

17世紀半ば、物語を語る室内ゲームがパリのサロンで流行した。貴族の参加者は、それまで農民が子供部屋で語るものとして見下していた伝統的な民話を取り上げ、ウィットや想像力を使って修正し、互いを楽しませ合った——そして、かしこまった場ではいえないような思いを表現した。変更された物語は、フランス社会での抑圧された地位に不満を抱く女性たちが語るとき、しばしば反体制的な色合いを帯びた。文学という媒体を通して、彼女たちは親が決めた結婚や女性の教育、経済的自立といった、当時は物議をかもしそうな話題を巧みに表現することができたのである。自由思想家も、おとぎ話を制約の少ない刺激的な文学形式で、古代ギリシアやローマの古典様式で書くことに専念する男性だけのクラブ、アカデミー・フランセーズのものとは異なるものだと考えていた。

　ペローは復讐心に燃える妖精にマレフィセントという名をつけていない
し、のちに『いばら姫』に改変したグリム兄弟も名づけていない。彼らの
物語では、ただ悪い妖精といわれている。チャイコフスキーの1890年の
バレエでは、彼女はカラボスと呼ばれている。彼女には実際には名前はな
く、ディズニーの1959年のアニメ映画に登場するまではただの〝悪役〟
にすぎなかった。2014年の実写版で、この悪評高いマレフィセント（ア
ンジェリーナ・ジョリーが演じている）は、ようやく自分の立場から物語
を語れるようになったのである。

人をとりこにする女性たち

　ローラ・フライ・クレディーは『おとぎ話の研究（A Study of Fairy
Tales）』の中で、古いフランスの恋愛小説では「魔術の扱いに長けた女性」
（魔女など）は、妖精と呼ばれると説明している。「こうした女性たちは
妖精と呼ばれ、魅力に携わり、言葉や石、ハーブの力や効き目を知ってい

る。それを利用して、彼女たちは若さと、大変な美しさと、大変な裕福さ
を保っているのである」

美女と野獣

　ドーノワ夫人が作家としてデビューしてから半世紀後、別の上流階級サ
ロンのフランス人女性、ガブリエル・スザンヌ・バルボット・ド・ヴィル
ヌーヴが、ほろ苦い妖精物語『美女と野獣』を書いた。それから 16 年後、
作家ジャンヌ＝マリー・ルプランス・ド・ボーモンが、それよりも短く
世に知られている物語を出版、1771 年には『ゼミールとアゾール』とし
てオペラ化され、大々的にヒットした。

　この魅惑的な物語では、破産した商人が恐ろしい野獣の庭のバラを摘
み、末娘のベルのために持ち帰る。野獣は商人の命を助ける代わりに、ベ
ルが自分の城で一緒に暮らすことを要求する。ベルが城に来ると、野獣は
この美しい乙女に最上の食事や衣服、部屋などを物惜しみせず与え、結婚
を申し込むが、ベルはそれを拒む。野獣と贅沢な生活を楽しみながらも、
ベルは家が恋しい気持ちを募らせ、野獣は彼女が家族を訪ねることを許可
する。だが、彼女は約束を破ってそのまま戻ることはなく、傷ついた野獣
は悲しみのあまり死にかける。罪悪感にさいなまれたベルは急いで城に戻
り、瀕死の野獣に愛を打ち明ける――そして、彼女の涙が野獣の醜い体に
落ちたとき、彼は魔法のようにハンサムな王子へと変身する。

　ヴィルヌーヴの物語では、ベルと野獣は妖精の縁で結ばれている。ベル
の本当の父親は国王で、母親は妖精だった。野獣は魔法にかけられた王子
で、彼を育てた邪悪で誘惑的な妖精は、彼を恋人にしようと考えていた。
彼はそれを拒んだことで、野獣に変えられたのだ。ボーモンの物語には特
に不愉快な場面がある。意地悪な 2 人の姉が、ベルが野獣のもとに戻るの
を引き留め、怒った野獣に彼女を食べさせようとするというものだ――さ
さいな余話であり、現代のお話には入っていない。

　物語が示しているのはもちろん、誰かを本当に愛したら、見た目は関係ないということだ。これはまた〝外見で判断してはいけない〟というメッセージも含んでいる。ユング派の精神分析医は、野獣は人間の〝闇の〟側面で、心の健康や幸せのために、受け入れ、愛さなくてはならないものだと解釈している。

アブサン──緑の妖精

　この魅力的な美女は、本当に妖精なのか？　それとも、彼女の名がついた強い飲み物がもたらした幻覚なのか？　伝説によれば、ギリシアの邪悪な妖精キルケーが、緑の妖精にこの秘薬の作り方を教えたという。彼女の特別な万能薬は、アルコールよりも人を酔わせる。典型的な作家の詩神であるアブサン──酒の名前でも妖精の名前でもある──は、オスカー・ワイルド、トゥールーズ・ロートレック、ピカソ、マネ、ヴァン・ゴッホ、ゴーギャン、ボードレールといった、数多くの世界の天才にインスピレーションを与えてきた。ニガヨモギ、アニス、ウイキョウを混ぜ合わせた昔ながらのアブサンは、ウィスキー（40度）よりもずっとアルコール度数が高く（55から75度）、蒸溜後にさまざまなハーブを加えるために独特の緑色をしている。1900年代初頭には、フランス、スイス、アメリカ、その他の国でアブサンは非合法となったが、のちに規制を設けて合法化。アメリカでは2007年にようやく解禁された。

セギュール夫人のおとぎ話

2009年、プロジェクト・グーテンベルクは19世紀半ばにセギュール夫人が書いた『フランスの昔話』を電子ブックで読めるようにした。伯爵夫人はロシアで生まれたが、18歳のときに一家でフランスへ渡る。彼女はこの地で、フランスの伯爵ウジェーヌ・ヘンリ・レイモンドと結婚する。小説家として最もよく知られているが、童話の執筆にも優れ、彼女の楽しい物語集には、バージニア・フランシス・ステレットによるカラーや白黒の見事な挿絵がつけられている。この素晴らしい本は、www.gutenberg.org から無料で読んだり、ダウンロードしたりすることができる。

グリム兄弟

　ヤーコプとヴィルヘルムのグリム兄弟の作品は、西洋世界の童話文学の根幹をなしている。1800年代初頭の初期の刊行物から、20世紀に入っても長い間、彼らの本はドイツでは聖書に次いで2番目の知名度があった。グリムの最初の童話集『子供と家庭のお話』（1812年）には86の物語が収録され、のちに200にまで膨れ上がった。だが、タイトルとは裏腹に、彼らの童話は子供たちを楽しませるためだけのものではなく、しばしば子供が悪夢に見そうな陰惨な描写も含まれている。グリム童話集の物語の多くは、元々は口承だったものだ。フランスの優れた文学者であるドーノワ夫人やシャルル・ペローら初期の作家たちが、グリムが始める1世紀以上も前にこうした不朽の物語を改変し翻訳し、物語集にまとめ上げている。
　おとぎ話の性質は時とともに進化することであり、あらゆる文化や時代

おとぎ話をたどる旅

ドイツの妖精の世界へ行ってみたい？　ドイツのロマンチック街道は、グリム兄弟にインスピレーションを与えた中世の村や魅力あふれる城、眺めのよい田園地帯などを 600 キロにわたってたどれる街道だ。川の流れる谷間、森、山脈を、徒歩や自転車で巡れば、この魅惑的なツアーを最大限に楽しむことができる。さらに詳しい情報は、www.deutsche-maerchenstrasse.com で見ることができる。

の人々が共感する永遠のテーマを描くことである。グリム兄弟は『白雪姫』『ヘンゼルとグレーテル』『カエルの王子』『シンデレラ』『ルンペルシュティルツキン』といった民話を、感受性の強いドイツの読者に紹介したことで有名になった。子供たちへの道徳的な手引きになるだけでなく、おとぎ話はファンタジーという衣に包み、その時代の社会政治的な問題にも触れている。グリムの物語はドイツのナショナリズムと共鳴し、ナチスは第2次世界大戦中、プロパガンダに利用した。

　古い民話を知識人向けの物語集にすることで、グリム兄弟は何を目指していたのだろう？　ハーヴァード大学のマリア・タタール教授によれば、彼らは混乱と不安の時代に、ドイツの歴史と文学における重要な作品と思われるものを保存しておきたかったのだという。しかし、グリム兄弟は知識階級の出身だったため、おとぎ話を生み、何世紀も語り継いできた農民たちのことをほとんど理解せず、彼らより前のフランスの童話収集家と同じく、古い民話に文学的な潤色を行った。どんな研究家もそうだが、グリム兄弟も伝統的な民話に個人的な先入観を注ぎ込んでいる。たとえば人種

差別、性差別、障害者差別などだ。

もう1つの視点から見るドイツのおとぎ話

　グリム兄弟と同時代の歴史家、フランツ・クサーヴァー・フォン・シェーンヴェルトもまた、民話や神話、伝説を集めていた。何十年もかけて、フォン・シェーンヴェルトはバイエルン地方のオーバープファルツを旅し、田舎に住む下層階級の人々——使用人、労働者、農民など——と話をし、口承で伝えられた物語を『オーバープファルツの慣習と伝説（Aus der Oberpfalz: Sitten und Sagen）』という3巻本（1857年、1858年、1859年）にまとめ上げた。グリムと違って、フォン・シェーンヴェルトは自分が聞いた話を農民たちの言葉遣いのまま書き写した——この本が普及せず、すぐに忘れられたのはそのためかもしれない。

　その後、2011年、文化キュレーターのエリカ・アイケンシアーが、フォン・シェーンヴェルトが集めた500のおとぎ話が、ドイツのレーゲンスブルクの書庫に150年間もしまわれたままになっていたのを発見した。物語の多くは、これまで発表されたことがないものだった。アイケンシアーによれば、フォン・シェーンヴェルトはこうした物語を洗練させたり、解釈したり、美化したりしようとしなかったという。彼はそれを、土地の人々が語ったままに保存したのだ。「物語の主な目的は、若者が大人への道を歩むのを助けることだった」と彼女はいう。「美徳やつつましさ、

勇気があれば、危機や難題を乗り越えることができると示そうとしたのだ」

　レーゲンスブルク大学のダニエル・ドラセックは、フォン・シェーンヴェルトの作品を「19世紀における、ドイツ語圏で最も重要な作品集」であり、グリム兄弟の業績をもしのぐといっている。現在、フォン・シェーンヴェルトの本は英語に翻訳中である。

ドイツの妖精

　ドイツにもトロール、エルフ、ノームがいる。だが、彼らはほかの国々の妖精とは違った行動を取ることがある。いたずら好きなドイツの妖精は、たとえば悪夢を招いたりする──ドイツ語の〝悪夢〟は〝妖精の夢〟という意味である。

　さらに、ほかには見られない独特の種族の妖精がドイツにはいる。

コボルト

　体は小さく、容貌は醜いこの妖精は、鉱山に住んでいる。歴史学者のトマス・カイトリーをはじめ、コボルトをイギリスのブラウニーと結びつける人々もいる。彼らは夜になると隠れ家を出て、人間の家事を手伝う。人間を悩ませるいたずら者として知られているが、コボルトは邪悪な妖精ではなく、ただいたずらが好きなのだ。

厄介なニクシー

　湖や川、滝に住むが、陸に上がるときには人間の姿に変わる。非常に美しいことで知られるニクシーは、妙なる声を持ち、巧みにヴァイオリンを弾いて人間を誘惑する。この妖精は人間と結婚することもあるが、人間を溺死させることもある。

リベザル

リベザルという孤独な妖精は、ドイツの田舎をさまようといわれる。太陽や雪を意のままにし、目的のためなら大嵐を起こす。彼はみすぼらしい僻地のエルフだが、姿を変える能力があるという説もある。また、普段は人間に不親切だが、彼を敬う者には、貴重な宝石や黄金で報いることもある。

苔の乙女

この小さくて親切な自然の精霊は、植物の癒しの性質を理解している。勤勉な糸紡ぎである彼女たちの仕事は、木の根や林床に見られる苔を作ることだ。

デア・グロスマン

子供を怯えさせていうことを聞かせる、道徳的な妖精。この黒い森の妖精は、手に負えない子供を夜につかまえ、森の中に引きずり込む。そこで、子供が自分の不品行を認めるまでいじめるのだ。

ローレライ

ザンクト・ゴアールスハウゼンの近く、ライン川の岩の上には、ローレライという危険な水の精が腰かけている。人魚その他の川の精と同様、彼女の魅惑的な声は船人を誘い、死に至らしめる。

魔王

ドイツの暗い森は、同じく暗い伝説をいくつも生み出した。中でも主要なものが、魔王もしくは妖精の王にまつわる恐ろしい物語だろう。この生きものは森の奥深くに潜み、一人旅をする人のあとをつけ、死に至らしめ

る。

　この生きものを最も恐ろしく描写したのは、ヨハン・ゲーテの詩「魔王」
だろう。のちにフランツ・シューベルトが曲をつけている。深まりつつあ
る闇の中、1人の男が恐怖とともに、小さな子供を抱えて森の中に馬を走
らせる。

　　「息子よ、なぜそんなに不安な表情をしている？」
　　「見て、お父さん、魔王がそばにいる！
　　王冠をかぶって長い裾を引いた魔王が見えないの？」
　　「息子よ、それは立ちのぼる霧だ」

　父がなだめる言葉にもかかわらず、子供は妖精が優しく狡猾に耳元でさ
さやく声を聞く。

　　「おいで、かわいい坊や！　私と一緒に！
　　一緒にたくさん遊ぼう。
　　岸辺にはきれいな花が咲きほこり、
　　私の母が金色の衣装を着せてくれるだろう」

　子供は抵抗し、父親はまたもなだめる言葉をかける。しかし、魔王は引
き下がらない。

　　「愛しているよ、君の美しさのとりこなんだ！
　　嫌だというなら、力ずくで奪ってやろう」
　　「お父さん、お父さん、あいつにつかまった、
　　魔王がついに僕を痛めつける」
　　父親は恐怖に駆られ、馬を急がせた、
　　震える子供をしっかりと抱きかかえ、

やっとのことで館に着くと、
息子は腕の中で動かず、死んでいた。

ウィルオウィスプ

　暗い夜に沼地に近づくと、その表面で小さな光が葦の間に見え隠れするのを目にするかもしれない。旅人よ、気をつけろ！　それはウィルオウィスプ、不注意な旅行者を死に導く、最も危険な妖精なのだ。

　この妖精が邪悪な異世界の生きものなのか、洗礼を受けずに死んだ浮かばれない魂なのかについて、識者の意見は分かれる。ウェールズではプーカと呼ばれ、旅人を沼地へ誘っては死ぬまでそこへ置き去りにするという。だが、一部の北欧文化では、ウィルオウィスプは宝を埋めた場所を示す明かりだともいわれる（この考えは中央ヨーロッパにもあり、ブラム・

妖精の目撃談

　スイスのシャフハウゼン近くのシュバイザーズビルドで、1893年に研究者たちがドワーフの骨を見つけた。それは、この神話の生きものが存在し、妖精は民話やファンタジーの作りごとではないという証拠に思われた。ドワーフの骨は、ほかにもベルギーのスパイでも見つかっている。フレポン教授はスパイの骨が非常に短く「かさばる頭と大きな体、短い腕と曲がった脚」をしているといった。さらなる調査で、この生きものが洞窟に住み、石器を作っていたことがわかった。

ストーカーの古典的ホラーの傑作『吸血鬼ドラキュラ』でも、冒頭で語られている）。

　ウィルオウィスプは、ぞっとするような不気味な音を立て、犠牲者を怖がらせることもできる。ブラジルのボイタタからベンガルの怪火アレヤまで、ほとんどすべての文化で、さまざまな形の現象が存在する。ジョン・ミルトンは『失楽園』で、イヴをそそのかして道を踏み外させ、禁断の果実を食べさせたサタンをウィルオウィスプと比較した。トールキンは、ウィルオウィスプを死者の沼地の住民にし、影の国モルドールへと向かうホビットのフロドとサムを、誤った道へ導かせた。また、『ハリー・ポッター』シリーズに登場しているのも、驚くことではないだろう。

ハンス・クリスチャン・アンデルセン

　また別の謎めいた生きもの——人魚姫——の物語でよく知られるハンス・クリスチャン・アンデルセンは、童話文学の世界で重要な地位を占めている。「人生そのものが、最も素晴らしいおとぎ話だ」と、このデンマークの作家はいったが、彼の場合はまさにそうだった。彼の有名な童話『みにくいアヒルの子』のように、彼も生まれたときには醜いアヒルだったが、大人になって白鳥になったのだ。アンデルセンは貧しい生まれでありながら、名声と富を手に入れた。王族と親しく交流し、名士として広く旅をし、世界じゅうが知る財産を残した。

　少年時代、アンデルセンは生まれ故郷のオーデンセの精神病院で祖母

と一緒に働いていた老婆から民話を聞かせてもらっていた。俳優や歌手を目指して苦労した青年時代ののち、彼は最初の童話集を 1835 年、29 歳のときに出版した。パリのサロンで語られたフランスのおとぎ話やグリム兄弟の作品だけでなく、『千夜一夜物語』の影響を受けたアンデルセンは、デンマークの民話からも着想を得て、基本的なプロットの周囲に独創的な物語を作り上げた。しばしば暗く、風刺やコメディで味つけされたアンデルセンの童話は、彼の個人的な体験を取り入れている。彼の童話はデンマークの児童文学に大改革をもたらし、杓子定規なお説教の範囲を超えて、明るい魔法の国へといざなった。現在、児童文学で最も権威ある賞は、彼の名を取って「国際アンデルセン賞」と呼ばれている。

北欧神話
——スカンジナヴィアのおとぎ話の源流

　ハンマーを振り上げるトール、知恵の持ち主オーディン、官能的な多産の女神フレイヤ、いたずら者のロキ——彼らをはじめとする北欧の神々は、スカンジナヴィアのおとぎ話が育つ肥沃な大地となっている。

　北欧神話はしばしば、神々が妖精と交流するさまを描いている。たとえばトールは、トロールとの戦いに遠征しているし、美しいものを愛するフレイヤは、それを手に入れるために必要なことをする——彼女は 4 人のドワーフと寝ることで、希少で価値のあるネックレスを手に入れた。彼女は妖精が大好きでもあり、ワルキューレに命令を下す。『ヴォルスンガ・サガ』で、ロキはドワーフの指輪を盗む——この行為は、Ｊ・Ｒ・Ｒ・トールキンの『指輪物語』にも似ている。

　こうした物語の中で、オーディンはロキの息子で、オオカミの姿をした凶暴で手に負えないフェンリルがアース神族（北欧の神）を脅かしていることを心配していた。このオオカミを鎖でつなぐことに何度か失敗したあと、オーディンは妖精の力を借りる。妖精はドワーフの協力を求め、オー

ディンも賛成する。

　2 日間の苦労の末、ドワーフは驚くほど繊細な鎖を作り上げる。それは 6 つの驚くべき材料でできており、その中には猫の足音や魚の息なども含まれている。この鎖でオオカミを縛るのである。力の強いフェンリルは、一見弱そうな鎖をあざ笑い、アース神族がそれを首にかけるのを許す——それは失敗だった。もがけばもがくほど、鎖はきつく締まった。こうして、妖精は神々の事件に介入し、彼らが互いに傷つけ合うのを防いだのである。

スカンジナヴィアの妖精

　ノルウェー、スウェーデン、デンマークの伝説には、たくさんの妖精や異世界の生きものが登場する——ほかの地域の民間伝承に出てくるものもあれば、スカンジナヴィア独自のものもある。トロールは特に、世界のほかの地域と比べて北欧の国々で注目を集めている。一方で、羽の生えた小さな妖精については、ほとんど語られることがない。

トロール

　大きくて醜く、頭が鈍く、動きは重々しく、毛むくじゃらのトロールは、おとぎ話の中ではいい役をもらえない。それで人間が嫌いなのかもしれない。現代のロールプレイングゲームでも、彼らは恐ろしくて冷酷なモンスターとして登場する。しかし、トロールは姿を変えることができ、人間——特に女性——を誘惑し、伴侶にしたいときには、とびきりのハンサムになれる。そっとしておけば、普段は危険ではないが、あざけったりすれば獰猛になる。裕福なトロールは山の中に家を建て、大量の金や銀を隠し持つ。貧しいトロールは森の中や橋の下に住む。ノルウェーのお話『三びきのやぎのがらがらどん』を思い出すだろう。日光に極端に敏感なトロールは、昼間の光に当たると石になってしまう。

トロールとのトラブル

トロールにはあまりよい評判はなく、たいてい醜いか、頭が悪い
か、その両方といわれる。問題は、彼らの容貌や行動について
の説明が著しく異なるために、人間が彼らを見分けたり、理解した
りするのが難しいということだ。たとえばJ・R・R・トールキンは、
彼らを大きくて、人間に似ていて、身長は2メートル70センチく
らいだと書いている。テリー・プラチェットは『ディスクワールド』
シリーズの中で、トロールを石から作られた凶暴な生きもので、温
かい気候の中では知能が鈍ってしまうという。ジャン・ブレットの『ト
ロールとのトラブル（Trouble with Trolls）』では、トロールは体
が小さく、日光にも耐えられると書かれている。『ハリー・ポッター』
シリーズでは、血に飢えた残忍な巨人となっている。ビル・ピート
の『エテロとヨエルはトロール（Jethro and Joel Were a Troll）』
には、頭が2つあるトロールが登場し、日光の影響も受けず、人
間のために城を建ててくれる。

ファンタジー系のゲームでも、トロールの解釈はまちまちだ。『ダン
ジョンズ&ドラゴンズ』では、トロールは背が高く、痩せていて、
緑の肌をしたならず者で、火や酸で焼かない限り、永遠に害を与
えることはできない。しかし、『アースドーン』のトロールはもっとま
しな扱いで、大きくて力持ちで礼儀正しく、角を生やし、毛むく
じゃらである。

ベルグレサー

トロールの祖先に当たる、大きくて力のあるこの古代の生きものは、混乱を体現している。彼らは人間、エルフ、神など、誰も彼も好きではない。教会や鐘の音にも苛立ち、大きな石を投げて教会を壊そうとする。

アールブル

このスウェーデンのエルフには2種類ある。リョースアールブル（光のエルフ）とデックアールブル（闇のエルフ）である。美しく、白い肌の光のエルフは空に住んでいる——彼らはよいアールブルだ。漆黒の闇のエルフ——悪いものたち——は、大地に住んでいる。リョースアールブルはJ・R・R・トールキンの賢いエルフ族にインスピレーションを与えている。

昔、小さな花の中で、
小さなエルフに会った。
どうしてそんなに小さいのか、
どうして大きくならないのかと訊いてみた。
彼はちょっと顔をしかめて、
わたしをまじまじと見た。
「おれはおれなりに大きいんだ」と彼はいった。
「あんたがあんたなりに大きいのと
同じようにね」
——ジョン・ケンドリック・バングズ
　「小さなエルフ（The Little Elf）」

半人半魚

この美しい、青い肌の水の精は人魚に似ていて、たいていは親切な生きものだ。彼女たちはスカンジナヴィアの水路を安全に航行できるよう船員を導き、時には岸に上がって、人間の伴侶を見つける。

トロダンダール

この木の精は枝の間に住み、葉を揺らして会話をする。彼らはフクロウや女性、木のてっぺんでダンスを踊る小さな妖精に姿を変えることができる。伝説によれば、人間が死ぬと木の精になるという。

ドワーフ

オーディンの槍、トールのハンマー、フレイの船を作った熟練の職人として知られる、この小さくて醜い男の妖精は、崖に住み、人間を忌み嫌う。魔法のマントや帽子を身に着けると、姿が見えなくなる。

ゴールストムテ

勤勉なこの妖精は、家畜の世話をしたり、家事をしたりして、人間を助ける。通常は、長く白いひげを生やし、農民の服を着た老人として描かれる。ポリッジが好きで、人間が財産や動物をぞんざいに扱うと腹を立てる。

ワルキューレ

よく知られているスカンジナヴィアの女の妖精。彼女たちは戦場で、生き延びる者と死ぬ者を決める。空飛ぶ馬に乗って戦場へと赴き、死者の半分をオーディンのヴァルハラへ、半分を女神フレイヤの住まいであるフォールクヴァングへ運ぶ。彼女たちが神々の世界に入るときには、オーロラが空を照らす。

　今日のおとぎ話は、古くから親しまれている物語を改変したものであっても、現代の読者を対象とした新しい物語であっても、同じく若い人々に価値を教え、人生の試練に立ち向かうときの手引きとなっている。しかし、ヴァーモント大学でドイツ語と民間伝承について教え、2012 年のヨーロッパ童話賞を獲得したウォルフガング・ミーダー教授は、今日の市場に驚くほどおとぎ話があふれ、私たちの祖先がやったように 1 つの物語を分かち合うのではなく、さまざまな物語を読むようになったことを危惧している。これまでの世代で物語が作り出してきた絆の力は、今や弱まりつつあるのだ。

　それでもミーダーは、おとぎ話の未来に明るい展望を持っている。「おとぎ話の中では、昔からある問題——人々が抱える、ありふれた日常の問題——は、詩的で象徴的な言葉で寓意化される。私たちは境界を越えてお互いを重ね合わすことができるのだ」

アケオロスが目覚めたベッドの周囲で、
水の精が迷路のような輪を作って踊って
いた。

——ホメーロス『イーリアス』

第9章
南ヨーロッパの妖精

最古の神話の多くは地中海の国々で生まれたが、最古のおとぎ話も同様である。海のそばに住む人々の間では、想像通り海や水辺の妖精やニンフが民話や伝説の中心となっている。ギリシアの作家ホメーロスは、紀元前8世紀の後半から7世紀の前半にかけて、『イーリアス』や『オデュッセイア』といった叙事詩でこうした魅惑的な美女のことを書いている。南ヨーロッパの人々は、独自の土や水の元素を持っている——彼らは洞窟や森、水路に住んでいる。さらには羽の生えた生きものすらいる。そしてもちろん、人間の運命を決める不吉な運命の3女神はギリシアに起源を持ち、海辺に沿って移動しながらローマではパルカとなった。ほとんどの文化のおとぎ話に当てはまるように、親切な妖精もいれば残忍な妖精もいる。

運命の女神

　ギリシア神話にはモイラという名でも知られる運命の女神が登場する。この3姉妹は私たちの運命を決める。私たちの人生の長さ、質、その他の特徴を決めるのだ。彼女たちは褒美と罰、幸福と不幸、勝利と悲劇を与える。当然ながら、この女性たちは尊敬と畏敬を要求する——ただし、実際にはゼウスが采配を振り、運命の3女神は彼の決断を実行に移しているだけだという噂もある。長女のクロートーは、人間の命を作り出すための糸をつむぐ。次女のラケシスは糸を測り、その人間の寿命がどれくらいで、どのような運命を伴うかを決める。末っ子のアトロポスは、死の瞬間に糸を切る。運命の物語のように、もう1人の姉妹テュケーが登場する場合もあり、彼女は美や幸運、美徳、名声を与える。

　通常はしわだらけの老婆として描かれる運命の3女神は、人間の行動や地上の生きものについて注意深く記録を取り、真鍮と鉄でできた壊れることのない板にすべてを刻み付ける。この記録は永遠に残る。神でさえ運命の3女神から逃れられない。オリンピアの長で、運命の3女神の統率者であるゼウスは彼女たちには屈しないともいわれるが、偉大なるゼウスでさえも3姉妹の命令には従わなくてはならないという説もある。彼が

テティスという名のネーレーイス（海の精）と恋に落ちたとき、運命の 3 女神はこの 2 人の間に男の子が生まれれば、成長して父のゼウスよりも力を持つだろうと警告した。息子に追い越されたくないゼウスはテティスをペーレウスという人間と結婚させた。2 人の間にはトロイア戦争の英雄である偉大なアキレスが生まれた（実際には、この戦争に至る出来事の始まりは、テティスとペーレウスとの結婚だったのだ）。最高神でさえも、運命の 3 女神の命令を受け入れるようだ。

復讐の女神

　古代ギリシア人は、復讐の女神を運命の 3 女神よりも恐れた。この妖精の姉妹は、裁きや罰を下し、人間を狂わせる。家族を殺した人間は、彼女たちから最もひどい責め苦を受ける。それはおそらく、彼女たち自身が息子クロノスに殺されたウラノスの血から生まれたからかもしれない。神話では、特に 3 人の復讐の女神に触れている。アレークトー（永遠）、ティーシポネー（罰）、メガイラ（嫉妬の怒り）である。きわめて醜いこの復讐の妖精は、黒い羽と肌を持ち、髪は蛇で、体臭は実に不快だ――時にはミツバチの群れや昆虫に姿を変える。

　だが、悪い行いをしなければ、復讐の女神を恐れることはない。伝説によれば、彼女たちは罪のない人間はそっとしておく。彼女たちが主に望むのは正義が下されることであり、暴力的な罪を犯した者でも、その行いが正当化されると復讐の女神が思ったときには、罰を免れることもある。『エウメニデス』の場合もそうだ。オレステスが母親を殺したのは、彼女が夫であるミュケーナイの王アガメムノンを殺したからだ。復讐の女神は彼を裁きの場に引き出すが、正当殺人という判決を受け入れる。

ギリシアの水の精

「彼女らは泉や聖なる森／そしてリューベザブル海に注ぎ込む聖なる小川から生まれる」詩人ホメーロスは、3000 年近く前にこう書いた。当時、成熟したニンフたちは、水という水——湖、川、海、滝、泉や井戸まで——の中ではしゃぎ回っていた。ギリシア人はこうした自然の妖精を習慣によって分類していた。ここで取り上げるには多すぎるが、もっと完全なリストは、www.theoi.com で見ることができる。

ニンフ

古代ギリシアでは、ナーイアスは流れる澄んだ水（小川や泉）に住んでいるという。ネレイスは塩辛い海（エーゲ海、アドリア海、地中海）を好む。オーケアニスは、その言葉が示す通り大洋_{オーシャン}に住んでいる。愛らしく親切な生きものといわれるニンフたちは、時には神や、人間とも結婚することがある——ホメーロスの『イーリアス』にも、妖精と結婚した人間が数多く登場する。

サイレン

優しい気性のニンフと違い、この蠱惑的な海の精は神のような声で歌い、男性を欲望に駆り立てる。正気を失った船乗りたちは、この素晴らしい乙女たちに会おうと海に飛び込み、やがて溺れてしまう。最も有名な例はホメーロスの『オデュッセイア』であろう。この中で、主人公のオデュッセウスは部下たちに自分を船のマストに縛りつけるよう命ずる。サイレンの誘惑で、水の中の墓場に引きずり込まれないためだ。

キルケー

太陽の王ヘリオスがオーケアニスの 1 人と結婚し、生まれたのが、善良とはいいがたい妖精キルケーだ。彼女はオデュッセウスの船の乗組員を豚

に変えたために、ギリシアの民間伝承の中では評判が悪い。音楽が得意な
彼女は、魔法の薬を調合することでも知られている。毒もあれば、永遠の
若さを保てる薬もある。何千年も前から、キルケーはアイアイエー島に住
み、伝説では今も船を沈めて楽しんでいるという。

大地の精

　古いギリシアの伝説には、森に住む数えきれないほどの大地の精が出て
くる——そして彼らは、どの木を住み家にするかについて、きわめてうる
さい。水のニンフのように、木の精も住んでいる場所によって名前がつけ
られている。森の妖精の例に洩れず、彼らも森林を守り、人間が彼らの故
郷に侵入しない限り放っておく。また、ギリシアの伝承には半人半獣の生
きものやドラゴン、巨人、さまざまな怪物も見られる。こうした怪物は通
常、異なる種を親に持っている。

ドリュアス

　この森の妖精は、狩りの女神アルテミスの供として仕えている。彼らは
オークや柳の木に住むのを好み、森林を保護する。普段は遊び好きで人間
には無害だが、怒ったときだけ人間の前に姿を現す——だから、その姿を
見たらすぐに逃げることだ。彼らをなだめたければ、ワインやオリーブオ
イル、ハチミツを供えるといい。

ハマドリュアス

　ドリュアスの特別な種族である、この木の精は、まさしく樹木の化身で
あり、木に命を吹き込む。特に聖なる森のオークやポプラなどだ。彼らは
人間が植物をどのように扱ったかによって、罰したり褒美を与えたりす
る。木が自然に枯れたり、切り倒されたりすると、ハマドリュアスの魂も
同時に離れる。古いギリシアのおとぎ話では、ロケスという名前の男が今

にも倒れそうなオークの木を見つけ、支えをしてやった。そのため、木とともに死にかけていたハマドリュアスは助かった。その親切のお礼に、妖精は彼の恋人になったという。

オレイアス、メリアス、その他の木の精

ギリシアの民間伝承によれば、さまざまなタイプの木にさまざまなタイプの妖精が住んでいる。こうした木のニンフは美しく、穏やかな生きものだ。たとえばオレイアスは松やモミ、トウヒといった針葉樹に住み、それを守っている。メリアスはトネリコの木の精で、メリアデスは果樹を守り、ダフネは月桂樹に住んでいる。あらゆる木に、そこに住むニンフがいる。

サテュロスとシーレーノス

半分はヤギ、半分は人間のサテュロスは森や山をすみかとし、デュオニソス神と行動を共にする。彼らはほとんどの時間を、酒を飲み、踊り、女性の妖精（時には人間）を追いかけて過ごす。やはりデュオニソスの友人であるシーレーノスは、太って醜い、禿げ頭の酒飲みで、好色漢として描かれ、唯一それを補うのが音楽の才能である。サテュロスと同じく、シーレーノスも合成された姿で登場し、その場合は通常、半人半馬の姿である──ケンタウロスと似ているが、ハンサムではない。

空気の精

3世紀のギリシアに住んでいた新プラトン主義者のポルピュリオスによれば、親切な妖精も悪い妖精も、あらゆる妖精が空を飛ぶという。彼らには決まった姿形はなく、自分たちが選んだ姿になることができる。彼は悪い妖精を〝荒れ狂う悪意〟からできているといった。人間が彼らにふさわしい敬意を示さないと、不満を抱いた妖精は自分を怒らせた相手の人生に

もちろん、きみは妖精を信じていないだろう。きみは 15 歳
だ。わたしが 15 歳のときに妖精を信じていたと思うか？
少なくとも、140 歳になるまでは信じなかったね。ひょっと
して 150 歳だったかもしれないが。

　　　　——ニール・ゲイマン『サンドマン　第 6 巻　寓話と兆候
　　　　（The Sandman: Fables and Reflections）』

災いを及ぼす。水や大地の精と同じく、さまざまな妖精がさまざまな空気
の状態を体現している。たとえば愛らしいアウレは、朝の涼しいそよ風と
ともに飛んでくる。ハルピュイアはつむじ風の中を旋回し、アネモイは嵐
を起こす。ネペレーは雲に乗って浮かぶ。

　ギリシア語のシーフィを起源とするシルフの名前は、ギリシア神話では
しばしば純潔、知性、自由の象徴として登場する。また、人間を超えた存
在で、私たちと神々の世界をつないでくれる妖精でもある。空気はもちろ
ん、私たちが生きるのに欠かせないもので、こうした空気の精のおかげ
で、人間は生命に不可欠なものを吸うことができるのだ。今度、自然の中
の静かな場所へ行ったときには、空気の精が乗っている風の音にしばらく
耳を澄ませてみるといい。木の葉のざわめきの中から、彼らが秘密をささ
やくのが聞けるかもしれない。数えきれないほどの年月、彼らがそうして
きたように。

古代ローマとイタリアの妖精

　ギリシア人と同じく、古代ローマ人も美しいニンフが世界じゅうの水辺
にいると考えていた。リンファやルトゥルナは生命の雨を降らせるため、
神のような地位にいる。エゲリアやオピスは誕生神で、妊娠中の女性や子

供を望む女性は彼女たちに祈り、供え物をする。数多くのギリシアの神を取り入れてきたローマ人にも運命の女神がおり、パルカもしくはファタと呼ばれる。個人としての姉妹の名はノーナ、デキマ、モルタだ。

しかし、古代ローマで最も一般的な妖精といえばラールであろう。家を守る妖精で、個々の家庭とつながっている。こうした妖精は死者の魂で、かつて住んでいた家に戻ってきて、守るのだという民間伝承もある。すべての家庭にラールがいる。伝説によれば、ラールはあらゆるお祝い事やお祭り騒ぎが好きで、自分が住んでいる家の家族が、小さな祠や供え物などで敬意を表することを期待している。

古代イタリア人もまた、土、空気、火、水という個々の領域を代表する妖精の元素を認識していた。ニンフは水の元素に当てはまる。エルトルイトレと呼ばれる地の精は、北欧のドワーフやトロールのように、洞窟や地下の穴に住み、そこで器用に金属の道具を作り出す。シルヴァーニと呼ばれる別の土の精は、林や森に住み、木を守る。羽の生えたシルフは遊び好きな空気の精で、現代の私たちが思い描く妖精に似ているが、イタリアではフォレッティという名で知られる。フーキ・ファトゥイ、または火の精は、小さな炎に似ている。親切な妖精は囲炉裏の火を守ってくれるが、いたずら好きな妖精は輝く火の玉で人々を道に迷わせる。

ジョヴァンニ・フランチェスコ〝ジャンフランチェスコ〟ストラパローラ

私たちが大好きなおとぎ話のいくつかは、ジョヴァンニ・フランチェスコ・ストラパローラが最初に書いたものだ。彼の苗字はおそらくペンネームと思われるが〝おしゃべり〟という意味である。16世紀半ば、ストラパローラは童話集『愉しき夜』を刊行した。これには74の物語が収録されており、『長靴を履いた猫』の最初のバージョンとして知られているものも含まれている。

妖精の目撃談

古代ローマの執政官であった小プリニウスは、元老院議員リキニウス・セラへの手紙で、西暦79年頃の興味深い出来事を書いている。プリニウスによれば、ローマを描いた見事なフレスコ画を両親の家で眺めていた少年が、絵の中にこれまで見たことのない男性が描かれているのに気づいた。突然、男が動いた！　その人物は「祖先の偉業で作られたチュニックに、敬虔さでできたベルトを締め、サンダルは幸運と賢さでできており、トーガは市民権で織られていた」という。

少年が男に、あなたはラールなのかと尋ねると、妖精はそうだと認めた。続いてラールが手を伸ばし少年を絵の中に導いて、2人は市内の通りを歩いた。この場所をたびたび訪れたというラールは、絵の中のたくさんの人々と会話し、人々は少年にもあいさつした。数々の驚くべき場所を訪れたあと、ラールは少年を家に帰し、また戻ってくるといって別れた。

数週間後、ラールは別のフレスコ画に現れ、再び少年を絵の中に招いた。今度もラールと少年は絵の中の出来事を体験した。この出来事はもう1度あった。2人はまた別のフレスコ画に描かれた、のどかな景色の中を歩いていた。道すがら、彼らはオリーブやブドウを採った。冒険を終え、少年はフレスコ画を出て元の世界へ戻ろうとした。だがそのとき、ベスビオ山が噴火し、彼は驚いてラールの手を離してしまった。少年の姿がこの世界で見られることは2度となかった。

『カンタベリー物語』や『千夜一夜物語』のように、この童話集にも、さまざまな登場人物が物語を語る理由となる枠物語がある――この場合は、ヴェニスのすぐそばにあり、10世紀からガラス細工で有名なムラーノ島でパーティーが開かれるというものだ。当時、ヴェニスには文字の読める職人が数多く住んでおり、ストラパローラの童話集では、普通の人々が金銭的に成功し、出世した物語が描かれている。ストラパローラはおとぎ話を使って、その時代の風潮を説明したのだ。

ジャンバティスタ・バジーレ

　シャルル・ペローやグリム兄弟は、間違いなくイタリアの詩人ジャンバティスタ・バジーレの影響を受けているだろう。彼はストラパローラの童

現代のイタリアで妖精を探すには？

　工業化した現代世界で、自然を愛する妖精はどこに出かけるのだろう？　伝説によれば、彼らはイタリアのモンテ・ローザの近く、南アルプスの美しく穏やかな湖にいるという。その湖には、ファテ湖（妖精の湖）というふさわしい名がつけられている。ほかにも、アブルッツィ（中央イタリア）にあるファテの丘や、その近くのファテの洞窟でも、彼らを見られるかもしれない。ラツィオ州の南部にあるモンテ・アウソニ山脈の、ファテ山の山頂にも、妖精が住んでいるという噂がある。トスカーニでは、妖精は寒い冬の間、妖精の穴と呼ばれる地下の洞窟にこもり、糸をつむいで服を――または人間の未来を――織り上げるという。

話集が出版されてから 80 年後（そして、グリム童話の 200 年前）、ヨーロッパで人気のあったお話を『ペンタメローネ（物語の中の物語、すなわち幼い者たちのための楽しみの場）』という 2 巻の本にまとめた。彼の死後、1634 年と 1636 年に、ジャン・アレッシオ・アッバトゥーティスというペンネームで出版された『ペンタメローネ』は、1800 年代中盤まで英語に翻訳されることはなかった。

　枠物語の中には、一定の期間に語られた 49 の別の物語が詰め込まれている。『日と月とターリア』は『眠れる森の美女』の先駆的な物語だが、不愉快な相違点がいくつかある。機嫌を損ねた妖精の名付け親が女の子に呪いをかけるのではなく、ターリアの父親が星占いをしたところ、彼女が亜麻のかけらで指を指すと死んだように眠ってしまうことを予見する。数年後、国王である父親は家に帰り、昏睡状態のターリアを見つけ、レイプ

する。ターリアは双子を妊娠する。出産後、赤ん坊の１人が彼女の指をく
わえ、かけらを吸い出して目覚めさせる。事情を知った王妃は、双子を連
れて来させ、料理して不義を働いた夫に食べさせようとする。しかし、料
理人が双子をかくまい、代わりに２匹の羊を出す。その後、嫉妬にから
れた王妃はターリアを呼び、やってきた彼女を生きたまま焼こうとする。
だが、国王が妻の計略に気づき、代わりに彼女を焼き殺す。物語の最後で
は、ターリアは国王と結婚する――しかし、めでたしめでたしで終わるこ
の物語は、不愉快な部分が多すぎてロマンチックには感じられない。

　バジーレの童話集にはほかにも『シンデレラ』『長靴を履いた猫』『ヘン
ゼルとグレーテル』『白雪姫』『ラプンツェル』に似た物語も収録されてい
る。これらの暗く、暴力的で、時に下品な物語はのちに浄化され、甘く味
つけされて、子供たちにとってより受け入れやすい娯楽になった。

『ピノキオ』のブルー・フェアリー

　19 世紀後半、ほかのヨーロッパ諸国と同じく、イタリアでも妖精やお
とぎ話が流行した。当時も今も愛されている物語の１つには、人間の男
の子になりたくて、嘘をつくと鼻が伸びる人形が登場する。カルロ・コッ
ローディ（本名カルロ・ロレンツィーニ）の小説『ピノキオの冒険』は、
イタリア初の子供向け新聞に毎週連載されたものだ。物語の中で、冒険好
きな主人公は繰り返し困った立場に追い込まれるが、運のいいことに、彼
には妖精の守護者がついていてくれる。青い髪の妖精（のちに、ディズ
ニーのアニメ映画では〝ブルー・フェアリー〟と呼ばれる）だ。

　古いおとぎ話の多くと同じように、これも若い読者への説教を含んでい
る。行儀よくすることとか、危険なことに手を出してはいけないとか、嘘
をついてはいけないといったことだ。だが、ブルー・フェアリーが何度ピ
ノキオに注意しても、いたずら好きな人形は、少なくとも最初のうちは
聞く耳を持たない。ピノキオが妖精に出会ったのは森の中で、彼女はそ

こに 1000 年の間暮らしていた。この親切な妖精は、ピノキオが自分では
まり込んだ、突飛で愉快な苦境から常に彼を助ける。最初は、キツネと猫
によって木に吊るされた彼を自由にする。その後、彼は魔法でロバに変え
られ、海に投げ込まれる。だが善良な妖精はそれに介入し、彼を人形に戻
す。その青い髪（ヤギに変身したときには青い毛皮）で、ピノキオは彼女
だとわかるのだ。人形がわざと助言を聞かないにもかかわらず、彼女は面
倒を見つづける。物語の最後で、妖精の恩人はしゃべるコオロギと、ピノ
キオと、年老いた父親に家を与える。父親である木彫り職人のジェペット
は、コオロギとともにその家に移り住む。最後の寛大な計らいとして、妖
精はピノキオを人形から本物の少年に変え、おまけに銅貨を金に変えるこ
とで彼を金持ちにする。

　ディズニーは、この本を 1940 年にアニメ映画化したとき、妖精の最も
目立つ特徴である青い髪をなくし、代わりに美しい金髪にして、青い服を
着せた。1987 年の別のアニメ『ピノキオ 新しい冒険』では、妖精の青い
髪が復活し、さらにプロットにいくつか新しい変更点が加えられている。
たとえば、トゥウィンクルという名前の人形に変えられた少女が登場す
る。スティーヴン・スピルバーグの 2001 年のＳＦ映画『A.I.』では、ブ
ルー・フェアリーがまた違った形で登場する。今回はコニーアイランドの
像で、アンドロイドの主人公は彼女を本物の妖精と間違えてしまうのだ。
どの物語でも、この愛すべき妖精は、思いやりがある感じのいいキャラク
ターとして描かれている——ほかのおとぎ話や伝説の多くに出てくる、い
たずら好きの妖精とはまるで違っている。新たに暗い解釈をほどこしたギ
レルモ・デル・トロの『ピノキオ』は、現在製作中である。

スペインのドゥエンデ

　精神分析医は、スペインのドゥエンデを見たら大喜びするだろう。これ
は妖精なのか？　人間の心理の 1 つなのか？　それとも全世界に存在し、

想像心に火をつける力なのか？

　おそらくムーア人や中東の人々から、ロマによってスペインに持ち込まれた民間伝承に発すると思われるスペインのドゥエンデは、興味深い謎だ。説明するのは不可能だという人もいる。

　この謎めいた妖精はホブゴブリンに似ているという見方もある。アイルランドのレプラコーンのように、すぐに消えてしまう黄金をくれるいたずら者だ。ドゥエンデは小柄な老人に似ていて、グレーまたは黒の服を着て、目は1つ、鼻の穴も1つだという。この気に障る小男は、騒がしい音を立てたり、人間に石を投げたりする。ドゥエンデを堕天使やデーモンと結びつける説明もある。妖精の例に洩れず、彼も人間に呪いをかけ、一定の時間トランス状態のようにすることができる。

　ドゥエンデが――ほかの国の妖精にも見られるように――子供をさらうという話もある。ただし、それは往々にして、親が子供を大事にしていなかったり、かわいがらなかったりしたときに起こる。『ピーター・デ・キャビナムの娘』というおとぎ話では、短気な父親が、泣いている子供を悪霊

フラメンコの妖精

詩人フェデリコ・ガルシア・ロルカは、ドゥエンデを実体ではなく感覚と考えた。彼によれば、ドゥエンデはミュージシャンやダンサーの演技で情熱がほとばしる瞬間に生まれ、観衆を魅了し、うっとりするような集団的体験を引き起こすという。ロルカは、ドゥエンデは演者の魂に存在すると信じていた。それは一種の詩神で「私たちに芸術の実体を与える……。つまり、ドゥエンデは作用ではなく力なのだ」。

がさらってくれるよう願う。その願いは聞き入れられ、娘はカタルーニャ
の山のてっぺんにさらわれる。悪霊は果てしなく深い湖底の宮殿に住んで
いる。別の物語『アーロ家の起源』では、妖精が人間の男と結婚するが、
男が約束を破ったために、自分たちの娘をさらう。

　その魅力で人をとりこにするドゥエンデの力は、妖精とフラメンコとの
つながりの証拠となるかもしれない。特にうっとりするようなコンサート
を聴いたとき、音楽がどれほど人を高揚させ、夢見心地にさせるかわかる
ことだろう。この場合、ドゥエンデは音楽家が与える喜びであり、活力で
あり、感情の力なのだ。それは聴衆を一種の集団トランス状態にする。神
秘的、あるいは魔術的な儀式は、しばしば音楽を使って通常の意識をトラ
ンス状態にさせる。ドゥエンデは私たち一人一人の中にいて、さらに高い
領域や宇宙の創造的パワーとのつながりを求める妖精だといっても、こじ
つけにはならないだろう。

　人々が地中海の国々から新世界へと移住したとき、信仰や物語、そして
妖精も一緒に連れて行った。「第13章　アメリカの妖精」にも、似たと
ころがあるだろう。

ルサールカは、デッキにいるプレーン・ケイトのそばにひざまずいた。それは霧と影でできていたが、ケイトと目が合うと、たちまち人間になった。彼女は若く、お話の中のキツネのように、おどけたように悲しんでみせた。ケイトは彼女がすっかり好きになったが、相手は消えてしまった。

──エリン・ボウ
『プレーン・ケイト（Plain Kate）』

第 10 章

スラヴの妖精

　つらく厳しい冬のせいか、食糧難の時代のせいか、あるい
は終わりなく感じる夜のせいなのか、理由はどうあれ、ロ
シアやバルカン諸国、東欧のおとぎ話の多くは、陰陰滅滅
とした雰囲気を漂わせている。こうした地域のおとぎ話に
出てくる妖精たちは、願いをかなえてくれるというよりも、人間を溺れさ
せ、切り刻み、むさぼり食うほうが多い。だが、全部が悪とは限らない。
スラヴの土着の妖精は、ほかの土地の妖精と同じく、私たちの地球が生き
延びるのに不可欠だ——彼らは植物、動物、海、陸を守る。彼らに敬意を
払えば、癒しや知恵を与えてくれる。伝説は私たちに、最も恐ろしい妖精
でも、きれいな心の持ち主には危害を与えないことを教えてくれる。

妖精という一般的な名称の下に、古今東西の神話や寓話、伝承、詩には、こうした元素の精が登場する。その名前は数多い——ペリ、ダエーワ、ジン、シルヴァン、サテュロス、フォーン、エルフ、ドワーフ、トロール、ヒッセ、コボルト、ブラウニー、ほか多数だ。彼らは目撃され、恐れられ、感謝され、呪われ、世界のあらゆる場所、あらゆる時代で呼び出される。

——マダム・ヘレナ・ブラヴァツキー
『ヴェールをはがれたイシス（Isis Unveiled）』

ルサールカ

　ロシア、ウクライナ、東欧の一部で最も魅力的な水の精、ルサールカは、昼間は湖や小川、川に住んでいる。だが暗くなると、彼女たちは陸に上がり、踊ったり歌ったりする——そして、男性をとりこにする。よちよち歩きの頃から、この姿を変える危険な妖精のことを聞いていても、彼らはこの魅惑的な女性に抗えない。若く、はつらつとして、豊かな胸と長い脚を持つ彼女たちは、『プレイボーイ』誌のグラビアページのように誘惑的で、月光の下でみだらに跳ね回る。さらには木に登り、美しい鳥のように枝の間で揺れたりもする。そればかりでなく、天使のような声で歌うのだ。

　だが、この世のものと思えない美しさとは裏腹に、ルサールカには邪悪な意図がある。そう、確かに彼女たちは恋人を求めているが、ほんの短い間だ。相手に飽きれば、自分に心を奪われている男性をためらいもなく溺死させる。

　この厄介な妖精たちは、ギリシアのニンフの冷血版といっていいだろ

う。また、人魚にも似ていて、ときに魚の尾を生やして水辺の岩に座り、髪をとかしたりもする。魅惑的な声もまた、人魚を思い起こさせる。ルサールカは溺れ死んだ女性の霊だという民間伝承もある。あるいは、彼女たちは生命に必要な水を司る多産な妖精だというものもある。本性がどうであろうと、夜、仲間と外に出かけたときに、裸の女性がたくさん川から上がってきて、歌いながら誘ってきたときには気をつけることだ——彼女たちは見かけによらないかもしれないからだ。

ヴィラ

　ルサールカと同じく、ヴィラもダンスが好きだ——だが、もしあなたが猟師だったり、森の動物に危害を与えた覚えがあったりするときは、ダンスのパートナーにはならないほうがいい。東欧の野生の生きものを守るこの森の妖精は、正式な感謝の儀式を行わずに動物や鳥を殺した者を罰する。この魅惑的な女性たちは、罪人を森の奥深くの魔法円まで引きずって行き、相手が死ぬまで踊らせるのだ。

　女性たちの断固とした保護者でもあるヴィラは、浮気をしたり女性に暴

> ロシアの川に近づくときは、ヨモギ（ニガヨモギ）の葉を何枚かお守りに忍ばせ、ルサールカから身を守ることだ。ヨモギはルサールカに物を盗まれたり、傷つけられたり、壊されたりすることからも守ってくれる。感染症が蔓延したときには、大量の葉を川面にまくことだ。
>
> ——ロバート・イングペンとマイケル・ページ
> 『なかったものの百科事典
> (Encyclopedia of Things That Never Were)』

力をふるったりする男性を懲らしめる——そして、ヴィラとの約束を破っ
た男性を苦しめる！　だが、男性を好きになると、恋人として受け入れる
こともある。ヴィラは全員女性なので、子供を作るためには人間の男性と
結婚しなくてはならない。男性を誘惑しようと思ったときには、ヴィラは
魅力的な若い女性となり、髪をなびかせ、裸体またはきらきらした透ける
ような服を着る。しかし、変身ができるこの妖精は、馬や白鳥、オオカ
ミ、蛇などに姿を変え、これらの動物に特別な親切をほどこすこともあ
る。

　恐れを知らない手強いヴィラは、正義と思えば人間とともに戦に赴くこ
とでも知られている。そして、傷ついた戦士を癒す。この点で、彼女たち
を北欧のワルキューレと結びつける説もある。

バーバ・ヤガー

　ロシアの民話では、バーバ・ヤガーは冷酷で血に飢えた老婆で、森の中
に住み、子供が罠にかかるとそれを食べるという。これはおとぎ話の『ヘ
ンゼルとグレーテル』に描かれる悪い魔女の原型であり、アレクサンド
ル・アファナーシェフの『バーバ・ヤガー』では、姪を朝食にしようとす
る卑劣なおばとして描かれる。物語によっては、長く醜い鼻を持ち、歯は
ナイフでできているというものもある——犠牲者をより嚙みやすくするた
めだ。別の物語では、彼女を〝骨脚〟と呼んでいる。どれだけ食べても、
骸骨のように痩せているからだ。

　バーバ・ヤガーはユニークな移動手段で森を回る。すり鉢とすりこぎで
ある。それは薬草をすりつぶしたり、犠牲者の骨を砕いたりするのにも使
われる。彼女はすり鉢の中に座り、すりこぎを櫂にする。たくさんの不快
な金切り声がそのあとをついてきて、彼女が行く先々では激しい風が起こ
る。彼女が住んでいる魔法の小屋さえも悪さをする。大きな鶏の脚がつい
た小屋は叫びながら駆け回り、誰かが魔法の呪文を唱えない限り止まらな

い。骨と頭蓋骨でできた垣根が、小屋の周りを囲む杭にぶら下がっている
──明らかに訪問者を寄せつけないためのものだ。バーバ・ヤガーには2
人の姉がいて、3人の騎手が彼女の命令を聞くという民話もある。また、
彼女には召使いがいて、その中には体を離れた手足3組もいるという。と
んでもなく不愉快で危険な生きものではないだろうか？

　だが、初期のバルト諸国の神話では、バーバ・ヤガーは聡明な老婦人
で、穀物の中に住む大地の精、〝母なる時間〟と見られている。収穫や秋
の女神で、生と死、再生という生命のサイクルの象徴であり、命の水と死
の水を守っている。ある民間信仰では、収穫の最後の1粒を食べる女性、
〝バーバ〟が、春に誕生をもたらすと信じられている。バーバ・ヤガーは

鳥の美女

　スラヴのおとぎ話の多くで人気のキャラクターに火の鳥がいる。そ
れはヒーローの冒険の目的であり、彼を見知らぬ領域へといざな
う。この色鮮やかな鳥は、もちろん普通の鳥とは違う。それは魔
法にかかっていて、羽は燃えるように光り輝いている。鳥はしばし
ば予言者的な役割も果たす。ロシア民話ではシリン、ガマエン、
アルコノストと呼ばれるこうした神秘的な生きものは、女性の頭部
に羽に覆われた体、妙なる声を持つとされている。ヴィクトル・ヴァ
スネツォフ、セルゲイ・ソロムコ、アナスタシア・メルニコワ、エ
レナ・フィオロワ、その他の芸術家は、彼女たちがどんな姿をして
いるかを見せてくれる（www.viola.bz/sirin でいくつか画像を見る
ことができる）。姿を変えるという妖精の特性を考えれば、おそらく
それらは同族だろう。

また、自然の野生や原始を表している。魔女全般がそうであるように、バーバ・ヤガーが悪くいわれるのは、スラヴ地域でキリスト教の影響が強まった結果である。教会は古い神々や妖精、特に女性を悪霊や悪魔に作り変え、新しい信仰に人々を引き込もうとしたのである。

トゥンデール

　トゥンデールはハンガリー語で〝妖精〟を意味し、この章に出てくるほかの女妖精とは違い、美しくて親切だ。この自然の精霊は、高い山にある壮大な城に住む者もいれば、湖の底や緑豊かな庭に囲まれた島で、宝石に満ちた宮殿に住む者もいる。姿は人間に似ているが、動物や鳥、魚、木に変身できる——または、姿を消すことができる。トゥンデールは尽きることのない富を持っている。全身の体液が魔法にかかっていて、宝石や貴金属を作り出すことができるからだ。彼女たちが泣くと涙は真珠になり、ハンガリーの語り部ザルカ・クセンジ・ヴィラークによれば「この妖精が水におしっこをすると、それが黄金に変わる」という。この寛大な生きものは、真珠を貧しい人々や孤児に与える。

　トゥンデールが人間の男性と結婚することもある。その中で最も有名なのがイローナだ。『アルギラス王子と妖精イローナ』という物語の中で、王子はこの妖精の女王と恋に落ちる。ある晩アルギラスは、カラス

に変身した妖精たちが、父の庭に生えている魔法の木から金のリンゴを盗むのを見て、自分の愛する妖精を見つけようと木に登る。生命の木、またはケルトの世界樹を思わせるその木は、天に届くほど高い。だが、王子が太陽や月、風にイローナのことを訊いても、助けにはなってもらえない。次に、王子は森の生きものに、どこへ行けば妖精が見つかるだろうかと尋ねる。すると、足の不自由なオオカミが、悪い魔女が彼女を城に閉じ込めたという。『眠れる森の美女』流に、魔女はイローナに呪いをかけ、深い眠りにつかせる──王子だけがキスで彼女の目を覚ますことができるのだ。3日3晩、妖精のそばで寝ずの番をしていた王子は、チャンスを見計らってイローナにキスをし、呪いを解いて魔女と形勢を逆転する。

『ハンガリー人とマンシ族の神話 (Hungarian and Vogul Mythology)』で、ゲザ・ローハイムは妖精の女王イローナはドナウ川を泳ぐ白鳥であり、紀元前のハンガリーであがめられていた白鳥の女神と結びついているという。この強力で超自然的な生きものは、意のままに姿を現したり消えたりすることができ、ほかのものを出したり消したりもできる。トランシルヴァニアでは、天の川は〝妖精の道〟と呼ばれている。

花なのか、妖精なのか?

ハンガリーの語り部ザルカ・クセンジ・ヴィラークによれば、睡蓮はロージャという若い妖精から進化したものだという。妖精の女王イローナがその少女を花に変え、ほかの妖精がいなくなっても人間界を見ていられるようにしたのだ。ハンガリー人は睡蓮を〝妖精のバラ〟と呼ぶ。

その他の魅力的な妖精たち

　現在のポーランド東部、西ロシア、ベラルーシ、ウクライナでは、キリスト教が根づく前には人々が読み書きできなかったことから、かつてこの地域にいた超自然的な生きものについて知るには、口承の民話、歌、おとぎ話に頼るほかない。うっそうと茂る森が土地のほとんどを覆い、人々は自然と密接にかかわって暮らしていたこうした時代、スラヴの人々の間にたくさんの自然の精霊が暮らしていたのも道理と思われる。その一部をこれから見てみよう。

ベレギニー

　最も古いスラヴの妖精、ベレギニーは、ルサールカの祖先である。彼らは森、湖、川に住むが、最もよく見られるのは陸と水が出合う境界域だ。すなわち浜辺、ごつごつした岸、川辺、沼地などである。統括するのは女神ベレギナで、その名前は〝大地〟と〝岸〟を意味する。この水の精は、ギリシアのニンフと人魚、両方と共通点がある。時には尾が2つある人魚の姿で現れたり、多産の女神であったりする。古代、女性たちは戸外の儀式でベレギニーを敬った。しかし、キリスト教がこうした妖精に〝悪霊〟のレッテルを貼るようになると、女性たちは浴室にこもり、こっそり妖精たちと会ったといわれる。やがて、ベレギニーはロジャニツァと呼ばれる運命の女神と結びつけられるようになった。

レシャーチカ

　レスはスラヴ語で〝森〟を意味する。伝説によれば、この森の妖精はレーシーと呼ばれる森の神の妻で、レショーンチの母親だという。森とそこに住む生きものの守護者である彼女たちは、自分の領域をまじめに守る——悪い目的を持って入り込んできたり、自然の生きものに危害を加えたりした者は、レシャーチカによって森の奥深くへ引きずり込まれ、2度と日の

目を見られなくなる。この自然の精霊は、動物や木の葉の姿にもなることができ、北の国が冬眠期に入る秋に〝死ぬ〟と見られる。そして、再び春が来ると、レシャーチカは目を覚まし、長い冬眠から再生する。この妖精の呪いが怖ければ、木の下に立って服を脱ぎ、それをまた逆の順番で着るといい。

ラウメス

　真夜中まで長い時間糸をつむぎ、布を織る妖精ラウメスは、ギリシアの運命の女神に似たところがある。初期の民間伝承では、長い髪をなびかせ、孤児を守り、貧しい人を助ける美しい女性として描かれている。ほかの自然界の妖精のように、彼女たちも森の奥深くや川、そのほか人里離れた場所に住んでいる。しかし、この妖精が雲の中に住んでいるという神話もある。虹を見れば、彼女たちがかけたのだとわかる。彼女たちが踊り、歌えば、雨やみぞれ、雹、雪が降る。しかし、17 世紀になる頃には、ヨーロッパの魔女狩りによって否定的な光が当てられる。すなわち彼女たちは変身のできる老婆で、自分たちや人間をヒキガエルに変えるのだと。現在、ラウマという言葉は〝老婆〟を意味し、ラウミネッテは〝魔術を行うこと〟を意味する。

デーヴィス

　この古代リトアニアの妖精の姿については、相反する報告がある。ある説では、2 つの顔を持つ恐ろしい老婆である。別の説では、豊満な胸を持つ青い目の美女だという。ほかの妖精と同じく、彼女たちも動物、特に馬や熊、ヤギに変身することができる。外見にかかわらず、デーヴィスは寛大で思いやりがあり、強欲やわがままには反発する。彼女たちはまた、女性を守り、導き、仕事環境に心を配る——超自然的な労働安全衛生局のようなものだ。民間伝承によれば、彼女たちは木曜には糸つむぎを禁じ、日没後は洗濯を禁じた（その理由はどうやら、デーヴィスは夜に泳ぐのが好

きで、人間に邪魔されたくないからのようだ）。彼女たちはギリシアの運命の女神、すなわち糸をつむぎ、機を織る姉妹で、人間の運命を決める女神と似たような立場にいるという伝説もある。

ケシャリイ

　民間伝承によっては、彼女たちをギリシアの運命の女神と似た、糸をつむぎ、機を織る妖精だといっている。トランシルヴァニアの森や山に住む、この愛らしい女性たちは、アナという非常に多産な妖精の女王の子供である。そのため、スラヴの人々は子づくりの問題に関して彼女たちの助けを求める。問題は、アナの子供たちはこの世に病を持ってくるということだ。おそらくアナの夫のロコリタが、本当は善人でないからだろう。伝説によれば、アナは最初、この邪悪な王に言い寄られても拒絶していたが、結局は臣下の妖精たちのために屈する。契約の一部には、ケシャリイが 999 歳になったときには、ロコリタの臣下と結婚しなくてはならないと書かれている。

　スラヴの妖精と神との間にはほとんど差がない。初期の神話では、その多くが混ざり合っていたからだ。さらに、かつて神や女神だった超自然的な存在の中には、時とともに妖精に降格していった者もいる。現在、スラヴのおとぎ話は、この地域に 1000 年にわたり住んできた人々の古代信仰や慣習について、文化人類学者に洞察を与えている。事実、文字の記録がないことを考えれば、おとぎ話は唯一の情報源なのだ。

アジア、アラビア、ペルシアの人々は、（おとぎ話を）自分たちの流儀で語った。子供のためでなく、大人のために。当時は小説もなく、当然、印刷された本もなかった。しかし、物語を語って男女を楽しませることを生業とする人々がいたのだ。

　　　　　——ムフシン・マフディー
　　　　　『アラビアン・ナイト』

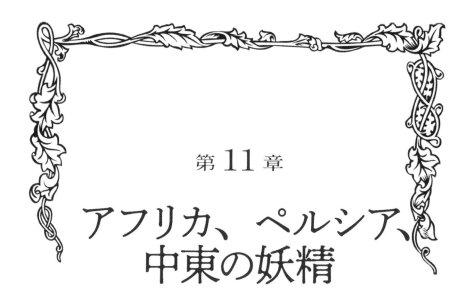

第 11 章

アフリカ、ペルシア、中東の妖精

エキゾチックで魅惑的な古代の中東、メソポタミア、ペルシア、北アフリカは、世界で最も優れた芸術や文学を生み出している。2500 年以上前、エジプトのアレクサンドリアの大図書館には世界の文学のほとんどが収蔵され、4000 年近く前にはギザの砂漠に大スフィンクスが出現し、超自然的な生きものが人間とともに住んでいた堂々たる証となっている。私たちの宗教や熱心な信仰の多くも、この土地にルーツを持っている。西洋の人々は、これらの地域とおとぎ話を結びつけないかもしれないが、アフリカから中東にかけての豊かな民間伝承を掘り下げてみれば、驚くような伝説や不思議な生きもの、妖精探しの旅ができるたくさんの魅力的な道があることに気づくだろう。

千夜一夜物語

　中東のおとぎ話集で最も有名なのは『千夜一夜物語』、またの名を『ア
ラビアン・ナイト』だが、これは最古のおとぎ話集でもある。正確な起源
は謎に包まれているが、知られている中で最も古いのアラビア語版は 8 世
紀に書かれたようだ。その後、多くの翻訳版や改変版が登場し、長い期間
を経て数えきれないほどの著者によって形作られた。この本には 1000 の
物語と 1 つの枠物語が収録されている。物語はさまざまな典拠や、エジプ
ト、トルコ、イラン、イラク、インドなど、いろいろな国から採られたも
ので、超自然的な生きものが多数登場する。

　背景となる物語はこうだ。シャフリヤールという王が妻に裏切られ、
女性への恨みを募らせたために、1 日 1 人の女性と結婚しては殺していた
──その数は全部で 3000 人にのぼる。当然、王国は恐怖に支配された。
大臣は、自分の娘である聡明なシェヘラザードを血に飢えた王と結婚させ
る。それは結果的に殺人をやめさせるだけでなく、豊かな物語本体をつむ
ぐためでもある。毎晩、この快活な語り手のシェヘラザードは、魔法や謎
の物語で王を楽しませ、結末を明かさない。王は、翌日にならないと結末
を聞けないのだ──そのため彼女をもう 1 日生かしておく。それが 1000
夜続く間に、王はシェヘラザードを愛するようになり、彼女を殺すのを思
いとどまる。

　西洋で最も好まれている『アラジンと魔法のランプ』には、ジーニーま
たはジンと呼ばれる不思議な生きものが 2 人登場する。アラジンという若
者は、魔法の指輪をこすることで 1 人のジーニーを呼び出し、さらに強力
なもう 1 人は、魔法のランプをこすることで呼び出す。このジーニーは非
常に長いことランプに閉じ込められてきた。ランプから自由になると、こ
の贈り物をするタイプの妖精ジーニーは、アラジンの願いを何でも聞かな
ければならない。

　容器に閉じ込められた魔法の存在というテーマは、世界でもこの地域の

物語に特有だと思われる。伝説によれば、ソロモン王は自分に逆らった邪悪で扱いにくいジンを、瓶やフラスコその他の容器に閉じ込めたという。ジーニーは自分を解放した人に仕えなければならないというルールだが、常にそれを喜んでいるとは限らず、願いを聞く前に反抗しようとする——さらには、自由にしてくれた者を殺そうとさえする。

ジン

　Jinn または djinn（単数形は jinni）と呼ばれる、アラビアの神話を起源とする男女の妖精は、霊的な階級の中でも天使や悪魔よりは下で、人間よりは上に属する。彼らはまた、西洋の妖精と共通点がある。ほかのあらゆる地域の妖精と同じく、人間に礼儀正しく接し、贈り物までするジンもいれば、人間を危険な目に遭わせたり、少なくとも生活の邪魔をしたりするジンもいる。ある人間を嫌ったら、ジンは病気や怪我をさせるし、神話では彼らはあらゆる事故を引き起こす妖精とされている。親切といわれるジンも信じてはいけない。ほとんどの妖精と同じように、彼らもきわめて信用ならないのだ。

　この炎の精たちは、どこにでも住んでいるという説もある。地下、木や石の中、川や市場、空気や火の中などだ。アラビアの物語では、彼らはアダムとイヴの数千年前から地球に住んでいる。別の物語では、ジンはカフという神秘的な山脈に住んでおり、そこはジンニスタンと呼ばれるという。クリソライトという緑の宝石でできたその山脈は、地上 3200 キロメートルの高さにあり、地球を取り巻いている。

　民間伝承によれば、ジンは食べたり飲んだりといった人間のすることの多くにあこがれているという。そして、人間と同じように、ほかの妖精や人間に殺されることもある。これは、ほぼ不死に見えるほかの魔法の生きものとは異なっている。しかし、彼らには人間のような肉体的制約はない——たとえば動物や人間に姿を変えたり、姿を消したりすることができ

る。体には血液の代わりに火が流れ、致命的な打撃を与えるときには自ら
発火する。エジプトでは、女のジンは見た目も行動もギリシアのサイレン
と非常によく似ている。彼女たちはナイル川に住み、天使のような声で歌
い、そのとりこになった男たちを溺れさせる。

　イスラム教の思想では、罪を犯した人間が死ぬと、死後一定の期間ジン
に変えられるという。また、イスラム教ではジンに自由意思があるとされ
ている。ジンと人間の結婚は過去に例があり、ある程度成功しているとい
う。

サイバー世界のジン

　何世紀も前には、ジンは詩人や芸術家の詩神となり、占い師に未来の秘
密を教えた。G・ウィロー・ウィルソンの『無限の書』によれば、現代の
ジンはありとあらゆるテクノロジーの問題を引き起こすという。明らかな
理由もなくコンピューターの不具合が起こったり、メールがハッキングさ
れたりした場合、ジンのせいかもしれない。ウィルソンは古代と現代のジ

妖精の目撃談

　イスラムの伝統を専門とするアラビアの歴史家イブン・アル＝
アスィールは、ヒジュラ暦600年（西暦1200年頃）、チグリ
ス川のほとりの町モースルで、壊滅的な喉の病気が蔓延したと
記録している。女のジンが息子の死を嘆いたことが病を招き、
彼女を慰めなかった者に感染したといわれている。

ンを、5つのカテゴリーに分類している。

マリード

　アラジンの物語に出てくる、生き生きとした印象的なジーニーを覚えているだろうか？　彼はマリードである可能性が高い。強い力を持つ男の妖精で、威厳のある声と真面目な態度の持ち主だ。この妖精はフラッシュドライブに入り込み、オペレーティングシステムをめちゃめちゃにすることができる。

イフリート

　平均的なジンよりも頭のいいイフリートは、洞窟や地下に住んでいる。いたずら好きで気まぐれなこの生きものは、善から悪に、悪から善に変わることができる。クルアーンでは、イフリートはソロモン王の命を受け、召使いとして仕えていたという。現在では、この策略家はあなたのプライバシーに侵入し、偽の Facebook メッセージを送ったり、コンピューターのプログラムを書き換えたりもする。

グール

　西洋では、グールは人間を餌食にする生きている死者、ゾンビと考えられている。イスラムの物語にも、それは非常に当てはまっている。どうしようもないほど愚かで、容赦なく残酷な彼らは、夜に墓場をうろつき、人間の幸福にはまったく関心がない——人間をつかまえることができれば、その肉を食らいさえするのだ。しかし、テクノロジーの分野ではそれほどの脅威ではない。それは単に頭が悪すぎるからだ。

シーラ

　この聡明な女の妖精は、大半のジンよりも人間と仲がよく、人間に害を加えたり、その生活の邪魔をしたりすることはめったにない。巧みに変身

する彼女たちは、種族間の境界をやすやすと越える。だが、トラブルを起こす気がなくても、そのおせっかいな性格には苛々させられることがある。

ヴェターラ

この吸血鬼のような存在は、人間になりすまして、本物の人間だと思わせる。もちろん、それを信じてはいけない――それ以上に、彼らは別の姿に変わることもできるため、何を相手にしているのかわからなくなってしまう。彼らは人を心理ゲームに誘い、もっと大事なことから気をそらせる。

ウィルソンは、IT専門家はオンラインのジンをよく知り、コントロールして、その非道な行いから人間を守るべきだといっている。しかし今のところ、ジンの力は制御されておらず、コンピューターやそれを操作する人へのリスクはなくなっていない。サイバージンの攻撃が怖ければ、コンピューターから離れ、IT専門家を呼ぶことだと、ウィルソンは勧めている。

ペルシアのペリ

古代ペルシアの神話では、アフラマズダという光が天を支配し、6人のアムシャ・スプンタ、28人のイゼド、さらに、それよりも下等なフェロヘルの大群を引き連れているという。アーリマンという対立する力は闇の王国を支配し、6人の大魔王ダエーワと、それより下等なたくさんのダエーワを引き連れている。この紛争地帯で人間が1000年の間やってきたように、これらの超自然的な存在も絶えず戦いを続けてきた。

ペリとダエーワとして知られるペルシアの妖精は、この初期の体系から進化した。とはいえ、彼らにまつわる神話には、今ではイスラム教の信仰がかなり入ってきている。そして今に至っても、この妖精たちは戦い続け

ている。出典によっては、ペリはジンニスタンにジンやダエーワとともに住んでいるという。こうしたさまざまな妖精は別個の王国を作り、それぞれが無数の郡や町を抱えている。ペリたちの郡で、〝楽しみと喜び〟を意味するシャドウカンには、首都ジュハラバード（宝石の町）やアンベラバード（琥珀の町）があり、宝石や壮大な城がきらめいている。面白いことに、ペリは食べ物を食べない。香の香りだけで生きているのだ――その香りが、敵であるダエーワを追い払うのは偶然ではない。邪悪なダエーワがペリをとらえると、檻に閉じ込め、高い木のてっぺんから吊るす。ペリの仲間は、囚われのペリに芳香を運び、吸わせる。

　大物と小物のダエーワが争う間、ペリが人間の協力を仰ぐこともある。最も有名なのはタームラスという名の戦士だ。妖精たちは彼を呪文と護符で強化し、数カ国語を話し、未来を見通すことのできる鳥を案内役につけた。鳥はタームラスを、普通の人間には行くことのできないジンニスタンへ連れて行った。そこで英雄は自分がやるべきことをする――非情なダエーワを殺し、さらわれた乙女を助け出し、最後には死んでしまう。ほかにダエーワを殺した人間にルーステムという人物がいる。彼はタームラスの跡を継ぎ、ペリの敵を見つけては際限なく殺した。見つけ出して殺すというのは、ペルシアの物語を生む要素となっている。

　これらの妖精と会ったら、どうすればよいだろう？　トマス・カイトリーは『妖精の誕生』の中で、ダエーワのリーダーは見間違えようがないと書いている――身長は 67 メートルで、足の幅は 8.5 メートル、顔は黒く、体は毛に覆われ、ツバメがそこに巣を作るという。しかしカイトリーは、ペリを「詩的な想像力が作り出した、最も美しい存在」だという。火と光から作られた、きわめて美しくはかない、人間に似たこの妖精は、色のついた光を放ち、天使とも共通するものがある。ペリは鳥に変身することもあれば、人間と結婚することもある。ペルシアの男性が女性をペリにたとえるのは、この上ない賛辞である。

聞け！―ズーレイカの声が聞こえる、

フーリーの賛歌のように私の耳に響く、

あれは私のとっておきの娘、

ああ！　母親にも増していとしい、

希望のみを持ち、恐れるものはない。

私のペリよ！―いつでもここへ来るといい！

からくも命あるうちに唇を冷やす

砂漠の泉の水のごとく甘美な、

私の切望する目にはこうも見える、

命を助かった感謝をメッカの寺院に送るより、

おまえを授かったことに感謝しよう、

私はおまえの誕生を祝福した。今もおまえを祝福する。

――ロード・バイロン「アビドスの花嫁」

7人のハトホル

　古代エジプトでは、女神ハトホルは愛、セックス、楽しみ、芸術、音楽、踊り、香り、アルコール、その他あらゆる感覚的な喜びを司っていた。非常に人気があるのも不思議ではないだろう。牛の角を生やし、その間に太陽を意味する円盤を置いた姿で描かれることもあるが、気が向けばライオンやハヤブサ、蛇、カバなどに変身する。

　神話によれば、彼女は自分を〝7人のハトホル〟と表現するが、ここでちょっとした混乱が起こる。これらの精霊を女神のさまざまな要素とする説もあれば、彼女の子供または補佐とする説もあるのだ。古代エジプトの絵画には、ハトホルはタンバリンを鳴らし、女神の角と円盤を頭に乗せた美しい女性として描かれるが、雌牛として描かれることもある。

7人のハトホルは、古代ギリシアの運命の女神に似ている。未来を予言するこれらの精霊は、あらゆる人の宿命と国の運命を知っている。彼女たちは赤ん坊が誕生すると現れ、その未来と死期を告げる。また、死者の魂を死後の世界まで追いかける。古代エジプトオンライン（www.ancientegyptonline.co.uk）によれば「〝7人のハトホル〟は、7つの都市で信仰されていた。すなわちワセト（テーベ）、イウヌ（ヘリオポリス）、アフロディトポリス、シナイ、モメンフィス、ヘラクレオポリス、ケセトである」という。神話は、彼女たちをプレアデス星団の7姉妹と結びつけてもいる。

アフリカのユンボー

西アフリカの人々の話には、ユンボーという名の妖精族が出てくる。だが彼らは敬意を込めてバクナ・ラクナ、すなわち〝よき人〟と呼ばれている——アイルランドやイギリスの人々と同じく、妖精のいたずらを避けるためだ。身長60センチほどで銀の髪、真珠のように白い体をしたユンボーは、パップス山の地下にある贅沢な家に住んでいる。そこでは、体を離れた手足が、ユンボーと客たちに贅沢なごちそうを用意するのだ。

だが、夜になると、ユンボーは人間界にやってきて、人の家の台所からトウモロコシやクスクスを盗む。また、夜に魚釣りをし、人間から火を盗

む——ただし、料理をするのに必要な分だけだ。ユンボーは、イギリスの
ブラウニーのように、特定の家庭と結びつくようだ。この妖精は亡くなっ
た親族の魂だという説もある。家族の1人が死ぬと、ユンボーは嘆き、故
人の墓の上でダンスを踊るという。

アフリカと中東におけるその他の妖精

　これらの古く多様な文化には、幅広い種類の妖精がいると予想がつくだ
ろう。実際、アフリカと中東の伝説には、珍しい妖精が数多く登場する。
すでに触れた有名な妖精に加え、ここでは多彩な性格を持つ、その他の超
自然的な生きものを挙げておこう。

妖精の目撃談

　バルト諸国生まれのドイツの植物学者ゲオルク・シュヴァイン
フルトは、1870年代に中央アフリカに住むピグミーを発見し
た。彼の発見は、妖精が実際に先史時代から存在したこと
を証明したと思われた。カナダ人のR・G・ハリバートン大佐
は、自分の探検でモロッコの小人アッカ族を発見したと信じ
ている。いわゆる〝ピグミー説〟は、これらの小さい民族が、
イギリスのブラウニーその他の着想の基になったとしている。
学術論文「ドワーフの生き残りと伝統」(1895年)で、ハリバー
トンはピグミーを「小さく、色の黒い鍛冶師と魔術師」と書
き、かつては彼らが地球全体に住んでいたと考えている。

アバトゥワ

この小さな妖精は人間に似ているが、身長は 1.25 センチほどだ。彼らはアフリカ南部のアリ塚に、アリとともに住んでいる。伝説によれば、内気で引っ込み思案なこの生きものは、子供と妊婦——または魔法の知識がある人——にしか見えず、アリの背に乗っているらしい。彼らは毒矢で狩りをし、身長のことをいわれると怒るという。アバトゥワは、アフリカ大湖沼地域のピグミー族の名でもある。

トコロッシュ

やはり南アフリカの妖精であるトコロッシュ（トコロシ、ティコロシェ、ティコロシ）は、色黒で毛深い男のドワーフだ。かつては水の精だったが、今では魔女や魔法使いの召使いをしている。この妖精が姿を消したいときは、口に魔法の小石を含む。魔女は母親からトコロッシュを受け継ぎ、それを恋人にするという話もある。牛から乳を盗むことで知られている、いたずら好きなトコロッシュは、死んだトコロッシュからできた調合薬をまくことでつかまえることができる。

エキムム

古代アッシリア人とシュメール人は、復讐心に燃える妖精をエキムムと呼んだ。彼らは死にそうな人間がいる家のそばで、アイルランドのバンシーのように甲高い声をあげ、死を予言する。この気味の悪い、吸血鬼のような妖精は、寝ている人間や油断している人間の命を吸い、人間を疫病や背徳的な欲望で苦しめる。

ディブク

ユダヤの神話に登場する悪霊ディブクは、17 世紀にドイツとポーランドのユダヤ人にちなんで名づけられた。それ以前は、タルムード文学には

彼らは邪悪な魂または汚れた魂としてしか登場しなかった。ディブクは人間に取り憑き、正気を失わせることができる。『エンサイクロペディア・ジュダイカ（Encyclopaedia Judaica）』によれば、ディブクは元々、病気の人間の体に取り憑く悪魔だった。別の説では、ディブクは罪を犯した人間の体に入り込み、悪霊が乗っ取るための〝扉を開く〟という。また別の説では、彼らはさまざまな理由で安らぐことのできない死者の魂だという。紀元前500年から紀元1世紀にさかのぼる物語にも、この邪悪な生きものが出てくるが、ルネッサンスの時代までには彼らの権威はほとんど失われてしまったようだ。

マジキーン

　このユダヤの妖精は、シディームまたはシェヒリームとも呼ばれ、アダムとイヴがエデンの園を追放されたあとに生まれた。130年間、アダムとイヴは離れ離れになり、その間アダムは女の妖精、イヴは男の妖精と結婚し、マジキーンといわれる子供を生んだ。ヘブライの神話によれば、彼らは小さな、エルフのような生きものだという。別の説では、アラブのジンに似ているともいわれる。この妖精も、ほかの妖精と共通した特徴を持つ——羽を生やして空を飛び、別の生きものに姿を変え、予言の力を持っている。ほかの国々の妖精と同じように、彼らもお祭り騒ぎや食べ物、飲み物を楽しむ。だが、他の超自然的な存在と違い、マジキーンは不死ではない。

　マジキーンという名前の現代のキャラクターは、コミックシリーズの『ルシファー（Lucifer）』に、ルシファー・モーニングスターの恋人で、アダムと最初の妻リリスとの子供として登場する。彼女はニール・ゲイマンの『サンドマン』シリーズの登場人物である。

　中東・アフリカ地域の妖精は、数えきれないほどの世代を生き延びてきた——そして、文明の揺籃期から、私たちの系図のあらゆる場所に存在した。現代においても、彼らが想像的な心を魅了し、影響を与えるのをやめ

る気配はない。1992 年のアニメ映画『アラジン』のほかにも、ディズニーはアラジンの冒険に基づいたあらゆるゲームを生み出した。ジンは現代のファンタジー系ゲームでは、恐ろしい役目で登場している。また通販サイトのイーベイでは、ペリ人形のネックレスやペリの箸を買うことができる。

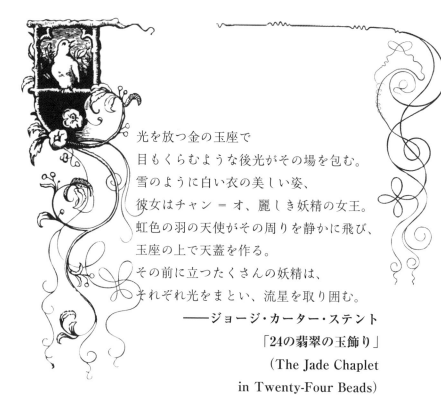

光を放つ金の玉座で

目もくらむような後光がその場を包む。

雪のように白い衣の美しい姿、

彼女はチャン＝オ、麗しき妖精の女王。

虹色の羽の天使がその周りを静かに飛び、

玉座の上で天蓋を作る。

その前に立つたくさんの妖精は、

それぞれ光をまとい、流星を取り囲む。

　　　　──ジョージ・カーター・ステント

　　　　　　　「24の翡翠の玉飾り」

　　　　　　　（The Jade Chaplet

　　　　　　　in Twenty-Four Beads）

第12章

アジアと
オーストラリアの妖精

あらゆる文化のおとぎ話と同様、アジアの物語もそれが発生した社会を反映し、社会秩序の慣習を教える。たとえば中国のおとぎ話では、氏族の構造、社会政治的な単位としての家族、個人的な関心よりも義務に重きを置くこと、祖先への敬意、権威への服従などが語られている。中国と日本のおとぎ話の一部は、現実の出来事、支配者、土地、芸術、建築などへの洞察を加え、歴史学習の優れた教材にもなっている。アジアのおとぎ話の多くで、魔術師、賢者、悪霊、神々に交じって、魅力的な動物や木が重要な役割を果たしている。インドのおとぎ話では、言葉さえも魔法の力を持っている――それはさまざまな姿になり、人々を変える。物語は語り手の想像の中にあるのではなく、エーテルの中に存在し、それを見つけて伝えるのが人間の役目だというのだ。物語は人から人へ伝えなくてはならない贈り物だ。物語を――本当に――聞くことで、人は変わることができる。A・K・ラーマーヌジャンは『インドの民話』の中でこう語っている。「物語を知るのは、

他者だけでなく、語られる物語そのもののおかげでもある。さもなければ息苦しいものになってしまうだろう」

不死という贈り物

　妖精は死なないか、少なくとも非常に長生きだ——それは人間が地球に生まれたときから求めつづけていることだろう。永遠の命がほしければ、中国の魔法の山、崑崙に住む妖精と友達になるのも1つの手だ。そこには生命の木が生えている。実に堂々たる木で、高さは約4500メートル——エンパイア・ステート・ビルディングの10倍——であり、幹の太さは約550メートルだ。この堂々たる古木には、3000年に1度しか実（桃とされることもある）がならない。そして、妖精だけがそれを摘める。妖精に本当に好かれれば、魔法の実を少し分けてもらえるかもしれない。そうす

妖精の母、西王母

　妖精の女王、西王母は、高い山の上に座し、その見晴らしのよい場所から人間の行いを眺める。人間が好ましくない行動をするのを見ると、彼女はすかさず雨を降らせて罰する。また、人間に不死を授ける力を持っているが、その贈り物を与える相手については非常に選り好みする。伝説によれば、武帝が彼女に不老不死の薬の秘法を尋ねたが、彼女は有名シェフのように口を閉ざしたという。しかし譲歩し、皇帝に7つの桃の実を渡して、自分で生命の木を育てるようにいった。だが、それが地上では育たないということは告げなかった。

皇帝は彼女がどこから来た何者なのかと尋ねた。「私は魔法の山の太陽のテラスに住んでいます。朝には雲になり、夜には雨になります」

——オレゴン大学図書館

れば、あなたも不死になるのだ！

　だが、妖精の不死のレシピはこれだけではない。崑崙の妖精はコリアンダーやゴマを育て、その実を食べる。だが、地元のスーパーで売っている普通のコリアンダーやゴマを食べても、効果はない。桃の木の樹液に、すりつぶした桑、砕いた辰砂、液状（コロイド状）の金を混ぜるのもいいが、それが効果を発揮するには、やはり妖精が最後の1滴として魔法を加えることが必要だ。

　どうすれば妖精の国に行けるのだろう？　伝説によれば、空色の橋を渡り、碧玉の町に入ることだという。そこには瑤池という碧玉の湖があり、雄大な（そして間違いなく魔法のかかった）水をたたえている。ある中国の物語によれば、2人の男性が山にかかる美しい橋にやってきた。2人の若い美女の招きで、人間たちは橋を渡り、妖精界へ入った。彼らは、愛想のよい美女と楽しいひとときを過ごした——おそらく昼食か夕食を楽しんだのだろう——それから、帰ることにした。ところが、人間界に着いたときには、橋で妖精に出会ったときから7代の歳月が流れていた。

悲運の恋人たち

　あらゆる国の妖精と同じく、中国の妖精も人間と結婚することがあるが、家族に認められることはまれである。『妖精の恋人』または『牛郎と織女』の名で知られる古い物語は、2人の悲運の恋人にまつわるものだ。

彼らにちなんで、中国暦で7月7日に七夕祭りが行われる。広く知られたこの物語にはたくさんのバリエーションがあり、映画、テレビ、演劇化された。あるバージョンでは、ベガ（織女の星）とアルタイル（牛郎の星）が恋に落ちる——これは茶番である。中国の神話では、妖精が恋愛をすることは考えられていないからだ。織女の祖母である天の王母はそれを見つけ、牛郎を地上に追放し、織女には永遠に雲を織るよういいつけた。

　地上では、牛郎は長年、年老いた牛だけを供に、貧しい生活を送っていた。畑を耕しながら、やっとのことで暮らしを立てていた。だが、彼が知らなかったのは、牛が魔法の動物で、元は金牛星だということだ。

　ある日、妖精たちが王母に、地上へ降りて健康によいことで知られる魔法の湖で泳ぎたいといった。それに織女も連れて行きたいと。王母は、孫娘に息抜きをさせてもよいだろうと考え、一緒に行くことを許した。女性たちが裸になって湖で泳いでいるのを知った牛は、牛郎に岸に置かれた赤

い衣を盗むようにといった。若者はその通りにしたが、妖精たちを怯えさせたため、彼女たちは衣をつかんで天の住まいに戻ってしまい、あとには織女だけが残った。

　牛郎は、結婚したら衣を返してやろうといった。彼がかつての恋人であることに気づいた織女はそれに同意し、子供が2人生まれた。しばらくは、夫婦は地上で質素ながらも幸せな生活を送っていた。やがて牛が死んでしまうと、彼らは皮をはいで保管した。いつか牛郎がそれでマントを作り、天に戻れると牛がいったからだ。

中国人が爆竹を使いはじめた理由は?

伝説によれば、背丈が 30 センチほどしかない人間に似た妖精が、中国の西の山に住んでいた。機嫌を損ねると、彼らは人間を恐ろしい悪寒と高熱で苦しめた。彼らを脅して追い払うため、人々は竹を燃やした。その後、中国人が爆竹を発明すると、悪い妖精を追い払うのにそれを使うようになったのだ。

一方、王母は孫娘の反抗に腹を立て、兵士を送って彼女を連れ戻そうとした。天使の軍隊が妻を連れて去ってしまうと、牛郎は魔法のマントをはおり、2 人の子供を抱いて、兵士を追いかけた。だが王母には 2 人を会わせる気がなかった。彼女はかんざしで空を引っかき、星の障壁——天の川——を恋人たちの間に作り出して、離れ離れにした。一家は泣いた。妖精たちも、神々も泣いた。ついに王母も気持ちをやわらげ、織女と牛郎が年に 1 度、7 月 7 日に会うことを許した。その日はカササギの群れが羽を広げて空の橋となり、一家はそれを渡って会うことができるのだ。

日本の河童

妖精といっても、目もくらむような美しさの持ち主ばかりとは限らない。現に、非常におぞましい生きものもいる。日本の河童もそれに入るだろう。この水に住むグロテスクなゴブリン——大昔から存在していたが、本当に広く知られるようになるのは江戸時代（1615 ～ 1868 年）のことだ——もまた、奇妙な特徴を持っている。ありがたいことに、この特徴はほかのどの妖精にも見られない。たとえば、好色な河童は公衆トイレに隠

れ、油断している女性のお尻を撫でるという。日本の伝説では、この水の妖精は身長約90センチから120センチで、黄緑色の肌をし、足には水かきがあり、魚のうろこまたは亀の甲羅に体を覆われている。しかし、河童の最も奇妙な特徴は、頭のてっぺんに鉢のようなくぼみがあり、そこに魔法の液体がたまっているという点だ——それが彼らの力の源なのだ。彼らをだまして——たとえばお辞儀をさせて——その液体をこぼせば、河童は力を失ってしまう。

　民間伝承ではしばしば河童を、川や湖に住む肉食性の妖精と描写している。彼らを吸血鬼になぞらえるものもある——彼らは家畜を襲い、水に引きずり込んで溺れさせてから、生命のエッセンスを吸ったり肝臓を食べたりするとされている。別の説では、河童は下水を浄化するバクテリアにさえ姿を変えることができるという。したがって、この気味の悪い生きものは完全な悪というわけではないのだ。そして、河童をつかまえたら、彼らから接骨その他の治療法を聞き出すことができる。

　だが、河童の最も奇妙な点はこれからだ。伝説によれば、あらゆる人間は、腸の中に尻子玉という小さな玉を持っているという。それは人間の魂だという説もある。また、河童の大好物である肝臓と結びつける者もいる。誰も正確な理由は知らないようだが、理由はどうあれ、河童は尻子玉をほしがり、その魔法の玉を手に入れるために人間を殺すという。

　妖精その他の超自然的な生きもの全般にいえるように、現代のメディアは河童を浄化している。現代の漫画では、河童は奇妙な外見に描かれてはいるが、愛嬌があるといっていい。野球をしている河童の人形や、河童の冷蔵庫用マグネット、子供のお弁当箱に入れる河童のつまようじを買うこともできる。もちろん、現代人は河童の異常な行動をほのめかしたりしないだろうが、子供を河童と過ごさせることについては考え直したほうがいいだろう……。

妖狐

　日本語の〝キツネ〟は動物の狐を意味するが、神話ではそれよりも多くの意味を持つ。キツネの精は、アメリカ先住民のコヨーテのように、変化や変形を象徴する魔法のいたずら者を意味しているのだ。この超自然的な生きものは、白いキツネとして 100 年間生きたあと、人間の姿になれるという。その間に 9 つ（9 は変遷や変形の数字である）の尻尾が生え、9 尾すべてを切り落とさない限り死なない。この妖精は美しい女性になったり、たまに年配の男性になったりする――だが、キツネは民間伝承では、常に賢く、神秘的で、いたずら好きな存在として描かれている。

　伝説では、この神秘的なキツネの精は、基本的に 3 つのカテゴリーに分かれている。善狐、すなわち〝よい〟キツネ、野狐、すなわち〝悪い〟キツネ、そして、通常人の目には見えない人狐である。ほかにもたくさんのキツネが存在するが、すべてのキツネに共通するものが 1 つある。彼らを檻に閉じ込めることはできないということだ。彼らの幸福には自由が不可欠なのだ。

　妖精の例に洩れず、キツネは時間を操ったり、姿を消したりする魔力を持っている――また、月や木、吸血鬼、人間などに変身できる。キツネは人間――特に裕福で、著名で、自慢好きな人間にいたずらをして喜ぶ。ペテン師で魔術師でもある彼らは、完全に人間を混乱させる筋書きと環境を作り出すので、運の悪い人間は〝幻想〟と〝現実〟の区別がつかなくなってしまう。典型的な伝説では、キツネは人間（特に男性）を道に迷わせ、人間はすっかり方向感覚をなくして、そこが森の中なのか地下鉄なのかわからなくなってしまう。キツネはまた、人間のものを盗ったり、誘惑したり、恥をかかせたり、仕返しを企てたりする。

　ある昔話では、天気雨の時には外に出るなといっている――それはキツネの嫁入りであり、邪魔してはいけないと。これを幸運の知らせであり、豊作の前兆だと考える人もいる。また、人間が結婚するのによい時機だと

もされている。

魔法の鳥

　日本の芸術を学んだことがあれば、絵画にも、陶磁器にも、布地にも、鳥が多く描かれているのに気づくに違いない。鳥は日本の神話で特別な意味を持っている――特に鶴は幸運、長寿、貞節の象徴だ。したがって、これらは数多くの伝説や物語に登場する。妖精はしばしば鶴や白鳥、その他の鳥となって現れる。

　天狗と呼ばれる鳥に似た妖精は、日本の民間伝承やおとぎ話において際立っている。この生きものは、人間と鳥が合体した姿の場合もあるし、長い鼻もしくはくちばしを持った人間の姿をしている場合もある。鳥のように、天狗も木に住んでいる――しかも、卵から孵るのだ。

折り鶴

　日本の芸術、折り紙の発祥は、4世紀前にさかのぼる。なかでも繊細な折り紙の鶴は、ただ美しいだけではない――それは癒しと平和を表しているのだ。第2次世界大戦後、広島で被爆したのちに白血病となった佐々木禎子という少女が、鶴の不思議な癒しの力を呼び出そうと1000羽の鶴を折った。それ以来、平和を求める人々は広島の記念碑に折り鶴を捧げることで、その伝統を受け継いできた。9・11後、全米日系人博物館の職員をはじめ多くの人がこの美しい伝統をニューヨークへ運び、何千もの鶴を折って町じゅうに配っている。

　自然の妖精と考えられている彼らは、ほかの自然の妖精のように森を守る。天狗を怒らせたくなければ、木や植物を切る前にお供えをしなくてはならない。ほとんどの妖精と同じく、気まぐれな天狗は、特にこれといった理由もなく人間を助けたり、害を加えたりする。伝説によれば、彼らは人間に取り憑き、理性を失わせるという。天狗は人間を、2度と戻れない荒れ地に誘い込む。人間を食べるという噂さえある――そして、彼らに魔法の杖で強く叩かれると、自然発火するというのだ！

ナーガとナーギニー

　この強力な水の精は、数多くの妖精に典型的な、創造と破壊という2面的なテーマを体現している。ヴェーダの伝統では下等な自然神と考えられている彼らは、人間の祖先と信じられており、インドで最も有名な妖精に数えられている。通常、人間の上半身に蛇の下半身という姿で描かれる彼らは、一種の人魚とも考えられる――ただし、ほかにない特徴が1つある。7匹以上のコブラに覆われた頭だ。それでも、神話ではこの妖精は、特に女性はきわめて美しい生きものだといわれている。

　ナーガ（男性）とナーギニー（女性）は、湖や川の底を住まいにし、豪華な宮殿に暮らしている。そこで彼らは財宝を守っている――物質的な財宝と精神的な財宝だ。伝説によれば、この保護的な妖精は世界の水を見守り、水にまつわる天候、すなわち雨や洪水、台風などを司っている。彼らは環境を損なう人間に嚙みつき、死に至らしめることすらある。だが、ナーガとナーギニーに気に入られれば、秘密の知恵を分けてもらえる。

その他のヒンズー教、仏教神話の妖精

　この古く豊かな神話には、さらに多種多様の超自然的な生きものが存在する――ここでは紹介しきれないほどだ。世界のほかの地域の妖精と似て

ナーガランド

イギリスのジャーナリスト、ジョナサン・グランシーは、著書『ナーガランド ——インドの忘れられた辺境への旅（Nagaland: A Journey to India's Forgotten Frontier）』（2011年）で、読者を次のような場所へ導いている。

　世界の中でも忘れられた一角。インドの中でさえ知られておらず、大いに誤解されている。私は子供の頃からナーガの丘のことを知っていた。人生のこの段階で、インドをこよなく愛する者にとっては、そこはキプリングの物語に出てくる秘密の花園や失われた王国のようなものだった。大人になっても、その好奇心は消えなかった。1980年代の初めに、ついにナーガランドへ来たとき、私は——ジャーナリストとしてではなく——正しく評価されるべき人や場所について話をする機会に恵まれた。私はインドの人々がナーガランドやそのたぐいまれな歴史についてほとんど知らないことに驚いた。豊かな文化を持つ魅力的な人々を別にしても、その土地は世界を形作る政治的野心の接点だった。1944年、日本がインドに侵攻しようとしたのはここだった。1962年に中国が侵攻しようとしたのもここだった。さまざまな理由で、ナーガランドは重要な土地なのだ。

いるものもあれば、独自の性質や性格を持っているものもある。インドの神秘的な思想は、アジアのほかの国々の民間伝承や妖精信仰にも影響を与えている。ここでは、読者が興味を持ちそうな超自然的な存在を取り上げてみよう。

デーヴァ

仏教は、ヒンズー教でデーヴァといわれる妖精を取り入れた。デーヴァという言葉は〝光る者〟を意味する。自然の精霊から、人間の想像を超えた至福の世界を支配する超越的な存在まで、さまざまな階級のデーヴァが存在する。中には人間の姿をしたデーヴァもいて、伝説によれば、かつてはデーヴァにできることが人間にも数多くできたという。たとえば空を飛んだり、天上の光を放ったりすることだ。デーヴァの寿命は長い──数千年以上だ──が、不死ではない。また、やんわりと洞察を与えたり手引きをしたりする以外、通常は人間と交流がない。現在では一般に、デーヴァは自然の妖精と考えられている。

アスラ

通常は力の強い悪霊と考えられているこの妖精は、デーヴァの敵である。ヒンズーの神話には無数のアスラが存在し、しばしば巨人や、大きくて邪悪な生きものとして描かれる。そして、神と戦争をするのだ。彼らは同じ父親から生まれたという説もある。アスラは悪の味方で、デーヴァは善の味方なのだ。

ダキニ

この女性の空気の精の名は、〝雲の妖精〟〝天上の女性〟〝空の踊り手〟〝宇宙を行く者〟と訳すことができる。チベット仏教では、ダキニは空虚という意味も含んでいる。また、ダキニは悟りを開いた心の体現、または放出だという説もある。彼女たちは人間の天上における保護者で、天使に

よく似ている。彼女たちを死と結びつけ、墓地や火葬の薪の山、戦場など
に住んでいるとする言い伝えもある。霊的なメッセンジャーである彼女た
ちは、人間に知恵を授け、人間を古代の謎へといざなう。思いやりと理解
の権化のような人間の女性も、ダキニと呼ばれることがある。

ムミアイ

この意地悪な妖精は、インドの低いカーストの人々が嫌いなようだ。彼
らが最も出没するのは貧しい共同体で、そこで正義と罰を下す。盗人やそ
の他の悪人は、一番ひどいムミアイの復讐を受ける――妖精はあらゆるも
のを壊して人間を怒らせ、作物を駄目にし、さらには家を追い出すのだ。

ラークシャサ

ヒンズーの伝説から生まれたこの醜いゴブリンは、雄牛の頭と牙を持
ち、大きな腹をしている。しかし、男性を罠にかけて夕食にしたいときに
は、美しい女性に変身することもできる。この不快な悪霊はハンセン病を
もたらすといわれるが、時に魔法の知恵をよいことに使い、死者を生き返
らせたり、失われた体の一部をもう1度くっつけたりしてくれる。

ヴィリカス

小さな赤い体（身長はせいぜい45センチ）をしたこの死者の霊は、死
にかけている人の家に現れる――アイルランドのバンシーのように。血ま
みれの歯は死者を食べることを暗示しているのかもしれない。そこで、彼
らを鎮めるために、人々は米やスパイス、赤い布を供える。

ヤクシャとヤクシニー

ヒンズー教と仏教両方の自然の精霊である、この穏やかな妖精は、地球
の天然資源を守っている。彼らは湖、泉、森、山、都市にまで住んでい
る。長であるクベーラは、アラカと呼ばれる、ヒマラヤの高みに隠れた妖

精の王国から支配している。

地球の裏側の妖精

　ヨーロッパやその他の国々から、オーストラリアやニュージーランドに
移住した人々は、おとぎ話も一緒に持ち込んだ。それらの物語は、先住民
アボリジニの民間伝承と混じり合い、多種多様な妖精と神々の大きな集合
体を形作った──創造者と破壊者、自然の妖精、いたずら者、動物の複合
体、空や海の妖精、さらにはバルライヤという、虹蛇に膣を授けたといわ
れる妖精までいる。ヨーロッパがあまりにも工業化してしまったため、
妖精はもっと暮らしやすい地球の裏側に移住したのだという人もいる。
20 世紀初頭、この地域の伝承があまりにも人気になったため、1901 年に
オーストラリア旅行から帰ったイギリス国王夫妻は、子供たちのためにお
とぎ話集をお土産にしたほどだ。

　もちろん、こうした妖精の中には人間に好意的に接する者もいるが、人間を苦しめたり、溺れさせたり、食べたりする者もいる。イギリスの妖精についてはすでに論じたので、ここからはオーストラリアのアボリジニ発祥の妖精を見てみよう。

ミ ミ

　アボリジニの神話では、ミミはかつては人間で、先住民に狩りや絵画を教えたという。現在は背が高く、痩せていて、通常は優しい妖精とされて

妖精の目撃談

　1991 年、6 歳のスティーヴン・ワグナーは家族でフィリピンのバタンガス州カラタガンへ行き、休暇を過ごしていた。ある日の午後、ごみ捨て場のそばにいたスティーヴンは、命を失った小さな生きものがごみの中に横たわっているのを見て、捨てられたおもちゃだと思った。だが、よく見てみると、それは羽の生えた男性の体で、胸に生々しい傷跡のようなものがあった。彼はすぐさま、この生きものが死んでいること、人間ではないことに気づいた。スティーヴンはこの妖精をきちんと埋葬してやりたかったが、それができなかったことに罪悪感を持った。彼はその奇妙な、羽の生えた生きもののことを決して忘れず、その後、妖精の存在を疑うことはなかった。

おり、オーストラリア北部の岩の中に住んでいるという。

虹蛇

創造者であり破壊者でもある妖精。この色鮮やかな、蛇に似た存在は、地球とあらゆる生きものを作ったとされている。6000 年前にさかのぼる岩絵は、この強力な妖精を人間の生命の力として描いている。

ブンジル

これも創造的な妖精であるブンジルは鷲の姿をしていて、息子は虹となって空にかかる。アボリジニの民間伝承では、彼は地球を作り、人間に共存するすべを教えたという。現在は岩絵で有名なヴィクトリア州のブラックレンジ景観保護区に住んでいるといわれる。

バーニップ

川や沼、水たまりに住む邪悪な妖精バーニップは、変身している可能性がある。人々は彼らをヒトデのようだといったり、水かきや馬の尾、牙、毛皮を持っているといったりするからだ。研究者の中には、かつては実在していて、絶滅した動物だという者もいる。

モコティティ

ニュージーランドのマオリ族の伝説によれば、この邪悪なトカゲの精は、肺病や先天性肺疾患を引き起こすといわれる。また、ポリネシアの伝説にも登場する。

『不思議の森の妖精たち』の妖精

妖精は昔から環境保護主義者で、今もそうである。アニメ映画『不思議の森の妖精たち』（1992 年）では、伐採者がフォーン・グイリーと呼ばれ

るオーストラリアの雨林と、そこに住む妖精たちを滅ぼそうとする。無垢
な妖精たちはそれまで人間と出会ったことがなかったが、すぐに人間が自
分たちとそのふるさとにどんな危害を及ぼすかに気づく。物語の主人公ク
リスタは、かわいらしくて好奇心旺盛な妖精で、黒い髪に大きな緑の目を
している。彼女はザックという木こりと出会い、彼を小さくして、文字通
り身の程を知らせる。妖精の視点で雨林を見た彼は、その美しさに心を打
たれ、妖精たちとともに守ろうとする。

　映画の悪役である脂ぎった環境破壊者は、ヘクサスという悪人である
（この名前は観る者にエクソン・モービル社を思い出させる）。かつては
彼自身も、フォーン・グイリーで悪さをしたために呪いをかけられ、木に
なっていた。復讐心に燃えたヘクサスは、レベラーと呼ばれる強力な機械
で、がむしゃらに木を切り倒す。最後には、妖精たちはヘクサスを再び木
に閉じ込め、雨林は少なくとも当面は無事になる。

　現代のアジアとオーストラリアの妖精は、謎めいた、しばしば危険な古

オーストラリアのテレビ番組の妖精

2005年から2009年にかけて、オーストラリアの視聴者は『妖
精たち（The Fairies）』という番組に夢中になり、テレビに釘
付けになった。この番組には、ハーモニーとラプソディーという
2人のかわいい女の子の妖精が登場する。2人は魔法の庭
に、ミツバチや魔術師、ケーキを焼くエルフと住んでいる。人
間の俳優とアニメのキャラクターを組み合わせた妖精たちは、
踊り、歌い、行く先々できらめく妖精の粉をふりまく。この番組
は世界的な成功をおさめ、今もDVDで観ることができる。

代のルーツから、魅力的な遊び仲間へと変化し、人間を怖がらせるという
よりは楽しませる存在になっている。たとえば、ケーブルテレビ局ニコロ
デオンのアジア・ウェブサイト www.nick-asia.com では、妖精ファンが妖
精に変身して、妖精とドレスアップしたり、妖精のペットを飼ったりする
ことができる。伝統的な神話を現代のファンタジーと結びつけることで、
豊かで多彩な妖精の伝承のタペストリーが生まれたのだ。

子供を賢くしたいなら、おとぎ話を読んで
やることだ。もっと賢くしたいなら、もっ
とおとぎ話を読むことだ。

——アルバート・アインシュタイン

第13章

アメリカの妖精

　『フォーブス』誌の記事で、トッド・ウィルムスは、私た
ちの妖精熱の高まりは、ソーシャルメディアの増加と直接
関連していると書いた。メディアやテクノロジーに夢中に
なればなるほど、私たちの生活は分裂し、他人との本当の
つながりが減っていくのだと。物語は、いつも人々を１つにする――キャ
ンプファイヤーの周りや、趣味の集まりで――と同時に、私たちをいつも
の現実から空想の世界へと連れて行ってくれるのだ。私たちはおとぎ話に
よって再び過去とつながり、似たような部分をお互いに分け合うことがで
きる。これまでの章で見てきたように、世界じゅうの妖精物語には、共通
したテーマや要素がある。「これらの共通した物語――神話、おとぎ話、
ファンタジー――には、どの物語にも人と人をつなぐ要素があり、私たち
をとても人間らしいやりかたで束ねてくれる」とウィルムスはいう。おと
ぎ話がこれまで何百年もそうしてきたように、今も私たちを楽しませてく
れるのはそういう理由なのだ。

ディズニーの妖精

　妖精といえば、ディズニーを思い出さないわけにはいかないだろう。世界の誰よりも、ウォルト・ディズニーと彼の創設した会社は、現代の妖精や妖精物語の概念を形作った。1923 年にディズニー・ブラザーズ・スタジオとして創立した会社は、9 年後、初のフルカラーアニメ映画『花と木』で最初のアカデミー賞を獲得した。これには、自然の妖精によって命を吹き込まれたと思われる、言葉を話す木が出てくる。1937 年、ディズニーは妖精が出てくる最初の長編アニメーションの製作に乗り出した。『白雪姫と七人の小人』である。そして 1955 年、ディズニーランドが開園し、あらゆる年代のファンタジーファンへの扉を開いた。莫大な利益を上げている現在のディズニー帝国は世界を網羅し、ほぼすべての形の家族向けエンターテインメントを提供している。

　ディズニー映画では、何十年にもわたってたくさんの妖精が観客を魅了してきたが、中でも有名なのはティンカー・ベルだ。1904 年、J・M・バリーが『ピーター・パン』に初めて登場させた元気いっぱいの小さな妖精は、1953 年に映画デビューを飾った。それ以来、ディズニー・カンパニーは彼女をマスコットに採用し、ディズニーフェアリーズという彼女だけのフランチャイズまで作った。彼女のイメージはディズニーのテーマパークと同義で、彼女のオリジナル DVD も発売されている。2010 年には、ウォーク・オブ・フェームにティンク自身の星が埋め込まれ、ハリウッドスターの仲間入りをした。

　木の葉でできた緑のミニドレスを着てあちこち飛び回り、魔法の杖を振り、行く先々できらきら光る魔法の粉をまき散らすティンカー・ベルは、妖精に対する世界の見方を変え、世界でも卓越した妖精のイメージとなっている。最初は手で持った鏡に反射した光でしかなかったことを考えれば、なかなかの出世ではないだろうか。

ティンカー・ベル・トリビア

問　どうしてティンカー・ベルという名前なの?

答　彼女は修理屋（鍋やフライパン、その他の家庭用品を修理
　　する人）で、最初に舞台に登場したときには、舞台係が声
　　の代わりにベルを鳴らしたから。

問　ティンカー・ベルの作者は、彼女がどこから生まれたと信じて
　　いるの?

答　赤ん坊の最初の笑い声。

問　初めて映画でティンカー・ベルを演じたのは?

答　ヴァージニア・ブラウン・フェアー。

問　ディズニーのティンカー・ベル（1953 年）のモデルとなった、
　　実在の女性は?

答　マーガレット・ケリー。

問　ティンカー・ベルはどこに住んでいるの?

答　ティンカーズ・ヌック。

問　その住まいは?

答　ティーポット。

ここはもうカンザスではない

　20世紀後半にアメリカに生まれていながら、魅力的なミュージカル映画『オズの魔法使い』（1939年）を知らないということはあり得ないだろう。これはL・フランク・ボームのファンタジー小説『すばらしいオズの魔法使い』（1900年）を映画化したものだ。ボームは、このよく知られた本に13の続編を書き、その中の1つ『オズのオズマ姫』（1907年）は、オズマという名前の年を取らない美しい姫が主人公である。彼女は「妖精の女王の血筋」であるという。おとぎ話では明かされていないが、妖精たちがオズを異世界の生きものに満ちた魔法の国として作ったのだ。

妖精の世界へ

　水──謎、想像力、そして無意識の古代のシンボル──は、『オズのオズマ姫』の隠喩となっている。この強い力は、船旅の間に海に落ちた主人公のドロシー・ゲイルを、魔法の国エヴへと連れて行く。賢いドロシーは、すぐさまそこが妖精の国だと気づく。木から下がっているのが果物ではなくランチボックスだったからだ。まもなく彼女は、手足の代わりに車輪がついている「クルマー」という不思議な種族や、時間通りに動くチクタクというキャラクターと出会う。このチクタクは、どこかブリキ男を思い起こさせる。エヴに住むラングイディア姫は、ドロシーを塔に閉じ込めろと命令する。怯えた支配者たちはいわれた通りにするが、よい魔女と魔法の絨毯のおかげで、ドロシーは逃げ出すことができる。

　さまざまな紆余曲折の末、物語はハッピーエンドを迎えるが、読者にさらなる続編を期待させる思わせぶりな終わり方だ。エヴの一族──国を奪いにきた王によって宮殿の飾りに変えられていた──は、ふさわしい地位に戻り、妖精のオズマは魔法を使って、ドロシーを当初の目的地、オーストラリアへと送る。

時代の鏡

　愛らしいオズマは、ヴィクトリア朝の変わりつつある妖精の姿を反映している。恐ろしく、残酷で、邪悪な中世の妖精から、優しくて善良な、美しい存在へと変わったのである。平和主義者のオズマは、最大の敵さえも傷つけることはできない。彼女は社会主義者でもあり、市民に妖精の国の資源が平等に与えられる慣習をオズに打ち立てた。

　面白いことに『オズのオズマ姫』が刊行されたのは、1907 年の経済恐慌と時を同じくしていた。当時、J・P・モルガンをはじめとする〝悪徳資本家〟たちは銀行業界を牛耳り、莫大な富を有する数少ない複合企業が国の財源を管理していた。恐慌が起こったことで、市民は銀行改革を求めた。

『オズのオズマ姫』のプロットに出てくるもう 1 つの社会政治的テーマは、国王が女性や子供を宮殿の飾りに変えることだ。このプロットの要素は、20 世紀への変わり目に、女性に制限的な役割が課せられていたことへの批評とも考えられる。オズマが家族を解放したことは、アメリカにおけるフェミニズムの始まりを告げていたのかもしれない。

　子供が生まれたとき、母親がその子に最も役に立つ贈り物を妖精の名づけ親に願うなら、それはきっと好奇心だろう。

　　　　　　　　　　　　——エレノア・ルーズベルト

トゥート＝トゥートと
『ドレスデン・ファイル』の妖精

　ジム・ブッチャーの『ドレスデン・ファイル』シリーズに出てくる、ピザが大好きなピクシー、トゥート＝トゥートには、魅了されずにはいられない。最初は、現代の標準的なかわいい妖精だったトゥートは、身長15センチほどで、青白い人間に似た体をし、かすかに光る羽を持っている。しかし、彼には1つだけ色鮮やかな部分がある。赤紫色の髪だ。着ているものも、伝統的な妖精の衣服とは違っている──瓶のキャップでできた帽子をかぶり、ピンと鉛筆を武器にしている。やがて彼は、胃腸薬の瓶から作った盾を体に縛りつけ、ケン人形のブーツを履くようになる。トゥートはシカゴの魔術師ハリー・ドレスデンを、さまざまな形で助ける。彼の家をペストから守ることから、妖精たちの動きに関する情報を流して彼を救うことまで。時を経て、ハリーとの関係を通じ、難題に立ち向かうことで、トゥートは性格だけでなく体も大きく成長していく。

　ブッチャーはまた、読者を夏の王国や冬の王国（スコットランドの神話におけるシーリーコートとアンシーリーコートを基にしている。第6章参照）にも連れて行ってくれる。冬の王国の支配者、女王マブは、シェリーやシェイクスピアが描いたよりもずっと邪悪で、人を操るのに長けた妖精として描かれている。シェイクスピアの『夏の夜の夢』に出てくる魅力的な妖精ティターニアは、夏の王国の女王だ。しかし、この2つの王国は、実際の妖精の国というよりアーサー王の国に似ている。トゥートはハリーに深い忠誠心を持っているが、ほかの妖精は人間のことなどほとんど気にせず、哀れな劣った生きものとして見下している。

　ウォルマートのガーデニングセンターにいるミズゴケの怪物といった、神話と現代的なキッチュとの組み合わせは、ブッチャーの生み出す超自然的なキャラクターを多彩かつ面白くする。そして、中でもトゥート＝トゥートが1番楽しいキャラクターだ。

北アメリカ先住民の妖精

　ヨーロッパ人がアメリカに移住し、自分たちのおとぎ話を持ち込むずっと前、この土着の人々は妖精その他の超自然的な存在の物語を語っていた。その中には自然の精霊もいれば、エルフやノームに似ているものもいる。さらには祖先の守護霊と考えられるものもいる。他の地域の妖精のように、先住民の伝説や民話の中にも、善と悪の両方が見られる。

カチナ

　現在のアメリカ南西部に住む、ホピ族をはじめとするプエブロ・インディアンは、カチナを雲や雨、風、さらには自然一般の中に存在する祖先の霊として敬っている。また、この妖精はフォー・コーナーズ（アメリカ西部のユタ州、コロラド州、ニューメキシコ州、アリゾナ州の境界線が集まった場所）にも住んでいる。しかし、伝説によれば、1年のある時期、カチナは村の人々とともに暮らし、人間に指導や助言をしてくれるという。神話の重要な部分として、こうした生きものは人間と妖精界との橋渡しをしてくれる。数百もの異なる独自のカチナが存在する——それぞれの村にカチナがいるのだ。

　この妖精に敬意を表し、助けを求めるため、プエブロ・インディアンたちは伝統衣装を身につけ、音楽と踊りを使った儀式を行う。親が神聖な知識を子供に教える教材として作られた美しいカチナ人形は、南西部の貴重な芸術品だ。

チェロキー族の妖精

チェロキー族の伝説では、自然の精霊には３つのタイプがある。岩人と呼ばれる邪悪な妖精——明らかに、領域を侵した人間たちに怒っている——は、人間の子供をさらう。いたずら好きだが悪意のない妖精は月桂樹人で、釣り糸をからませるなどのいたずらを働く。最も親しみやすいハナミズキ人は、家事を手伝ってくれる。

別のタイプの妖精は、エルフに似て、人間のような姿形をし、ノースカロライナ及びサウスカロライナの山の地下に住んでいる。ヌネヒと呼ばれるこの妖精は、めったに人間の前に姿を見せないが、ときおり身分を隠して人間界に現れるという。ヌネヒはチェロキー族と、彼らが白人によって受けた迫害に同情し、ときに人間を助ける。チェロキー族と同じく、ヌネヒもドラムとダンスを楽しむ。

小さい人

ショショーニ族はニメリガーという妖精について語っている。彼らはニューメキシコ州、サンペドロ山の高みにある洞窟に住んでいるという。伝説によれば、彼らは弓と毒矢で自分たちの領域を守る。1930年代、身長30センチほどしかないミイラがここで発見され、研究者たちを戸惑わせた。これはニメリガーの戦士の遺体なのだろうか？

クロウ族の物語には、モンタナ州、プライヤー山に住む別の妖精が出てくる。ニルンビーと呼ばれる、この親切な生きものは、クロウ族が必要とするときには助け、彼らの安全を守る。アメリカ南西部のチョクトー族も、身長わずか30センチから60センチのクワノカシャと呼ばれる妖精族を信じている。

メーン州のパサマクォディ族にも、ナグムワサックとメクムワサックという妖精の物語がある。彼らはパサマクォディ族にしか見えない。伝説によれば、この醜い生きものは身長120センチほどで、カナダとの国境に

近い聖なる森に住んでいる。毛に覆われた顔と長くて垂れた耳をしているという説明もあれば、しわだらけの緑がかった肌をしているという話もある。この妖精に戸口で食べ物を求められたときには、災難を避けたければぜひとも食べさせてやることだ。

自然の精霊

北東部の森には、ボクウスと呼ばれる危険な妖精が住んでいる。彼らは顔に色を塗り、ときどき姿を見せる。自分たちの領域に人間が入り込むのが気に入らず、猟師や漁師を川に突き落として溺れさせる。その後、ボクウスは彼らの魂を奪う。

ジョガーは、イロコイ族の伝説のなかでは、さまざまな形で役に立っている。多産を象徴する妖精ガンダヤクは、土に植物が育つための栄養を与える。ガホンガは岩山や川に住み、石をあたりにまき散らすといわれる。ハンサムなオードウは地下に住み、地震を起こす破壊的な妖精を取り締まる。こうした危険な妖精が地上に出て騒ぎを起こそうとするのを、オードウが止めるのだ。

中央アメリカと南アメリカ先住民の妖精

中央・南アメリカの文化には、いたずら者や姿を変える妖精の伝説が多く見られる。これらの超自然的な生きものは、ただのいたずら好きに見える者もいるが、人間をぞっとさせる者もいる。彼らは動物を守り、優しくするが、人間にはめったに思いやりを見せない。

マヤのアルーシュ

マヤの伝説によれば、アルーシュという妖精がユカタン半島のジャングルに住んでいるという。マヤ人は、この妖精が彼らの祖先と土地そのものの霊だと考えている──これはほかの文化における自然の精霊と似てい

る。身長数十センチしかない、このドワーフに似た妖精には、アイルランドのレプラコーンとの共通点もある。

　いたずら者のアルーシュは、人間にいたずらするのが好きで、自分たちの気分や人間にどう扱われたかによって、怖がらせたり守ったりする。彼らに礼儀正しく接すれば、家や家族を守ってもらえる。軽率な態度を取れば、悪運を押しつけられる。ある物語では、農民は自分の敷地に家を建て、アルーシュをそこに7年間住まわせるという。その間、アルーシュは作物の成長を助け、作物を狙う動物や盗人を怖がらせて追い払い、慈雨を降らせる。7年の期限が終わると、農民は家を封鎖し、アルーシュが田舎じゅうを暴れ回らないよう閉じ込めなくてはならない。

シグアナバとセグア

　このいたずら好きな妖精を後ろから見れば、髪を長くなびかせた、透ける服または全裸の若く美しい女性だと思うだろう。だが、彼女を追って、夜に中央アメリカの寂しい道へ行くのには注意することだ。振り返った彼女の骨ばった馬の顔に、恐ろしさのあまり正気をなくすだろう。彼女は手の代わりに蹄を持っているという伝説もある。また、男性——特に酔っ払いや浮気男——を荒れ地へ誘い出し、道に迷って途方に暮れたまま、永遠にさまよわせるという。

チュジャチャキ

　アマゾンの雨林ではたやすく道に迷ってしまう。だが、チュジャチャキに出会うと、2度と家に戻る道は見つけられなくなるだろう。ブラジルの民間伝承では、ノームに似たこの自然の精霊は、醜く、背中が曲がり、緑がかった茶色の肌をしているという。彼はジャングルを守り、特に大切にしているチュジャチャキ・カスピの木は、切り傷から関節炎まであらゆるものに薬効があるという。もちろん、この素晴らしい木にたどり着くには、悪霊をうまく避けなくてはならないし、そのような危険は冒す価値は

ないかもしれない。チュジャチャキをどうやって見分ければよいだろう？
彼らは片方の脚がもう片方よりも短く、片方の足が反対についている。

クルリパー

これも敵意のある南アメリカの妖精で、片方の足が反対についている。
クルリパーは森とその生きものを守っている。彼の爬虫類の友達を、人間
が狩ったり害を与えたりすると、この悪霊は人間を森におびき寄せ、縛り
上げて死ぬまで苦しめるという。

ポンベロ

パラグアイとアルゼンチンの森で見られるポンベロは、洞窟で暮らして
いた古代人とどこか似ている。手は長く、脚は太くて短く、体毛が濃い。
どこで聞いても、彼らは醜くて意地悪だという。伝説によれば、彼らは
夜、外に出て、食べ物を盗んだり、家畜を放したり、家をめちゃめちゃに
したりして人間を困らせるという。実際、物をなくした、タイヤがパンク
した、職場で嫌なことがあったなど、何か悪いことが起きると、このいま
いましい妖精のせいにされる。最悪なのは、女性にしつこく言い寄り、手
で触れただけで妊娠させられるということだ。この気味の悪い妖精を避け
るには、夜にお供え物をすることだ——彼らの好物は葉巻とラム酒であ
る。

ドゥエンデ

家の壁の中に住んでいるといわれる、このスプライトに似た小さな生き
ものは、イベリア半島から新世界に移住してきた。彼らは人間を助けた
り、邪魔をしたりする。ドゥエンデが道に迷った人を家に帰らせてくれる
という説もある。また、魔法の笛で人間を森の中におびき寄せるともいわ
れる。特に若者はこの妖精を避けるべきだ。彼らは子供の爪先を切り落と
したり、機会があれば食べたりするからだ。現代用語では、ドゥエンデと

いう言葉はカリスマ性を持った人間も指す。

エンカンタード

　蛇やイルカ、人間に変身できる水の精、ブラジルのエンカンタードは、人魚その他の水の精と共通した特徴がある——音楽の才能があり、信じられないほどセクシーで、海で嵐を起こし、人間と結婚することもある。それに、パーティーが大好きだ。民間伝承では、夜に泳ぐなといわれている。エンカンタードにつかまり、エンカンテと呼ばれる水中の世界にさらわれるからだ。

妖精の目撃談

　国際フォーティアン協会（INFO）の終身会員で、説明のつかない現象の研究者でもあるキム・デル・リオは、寝室の窓辺に2人の妖精が腰かけているのを見たという。デル・リオによれば、30センチにも満たない黄緑色の生きもので、長い手足と細い胴を持ち、大きな目をしていたという。2人は緑の服に、先の尖った靴、柔らかく先の尖った帽子という格好だった。「彼らのすべてが繊細だった。輪郭も色もはっきりしたところは1つもなかった」彼女は2003年、www.liveabout.comにそう投稿している。「私に笑いかけ、膝の上に手を置いて身を乗り出し、こちらを指さした」

ナワル

　動物や鳥に姿を変える謎めいた妖精ナワルは、その力を使って人間を助けたり、害を与えたりする。しかし、ナワルはあるときは動物、あるときは人間として、さまざまな存在領域を簡単に行き来できるシャーマン的な存在だという説もある。ナワルという言葉は、地上の制約を逃れる力を持つ人間の魔術師も指している。

ホリー・ブラックの現代のおとぎ話

　妖精が過去のものだと思うなら、ホリー・ブラックは異を唱えるだろう。彼女のベストセラー小説『現代のおとぎ話』シリーズ——『タイス（Tithe）』（2002 年）、『ヴァリアント (Valiant)』（2005 年)、『アイアンサイド（Ironside)』（2007 年）——その他の本は、魔法は今も進行中で、思いがけないところに現れることもあると妖精ファンに伝えている。『タイス』に登場する 16 歳のケイ・フィアーチは、ロックミュージシャン志望の親を持つ、ニュージャージー州の少し変わった、自立心旺盛な少女だ。だが、それだけではない。彼女は妖精の取り替え子で、たくさんの妖精の友人がいる。この現代のおとぎ話の中で、彼女は古代のシーリーコートとアンシーリーコートの争いに巻き込まれる。ケイが身をもって知ったのは、妖精のすべてが愛らしいティンカー・ベルのようなものではないということだ——彼らは危険になることもある。

　シリーズ 2 作目の『ヴァリアント』は、ヴァルという 17 歳の家出少女の物語だ。彼女はトロールと恋に落ちる。ニューヨークの地下鉄で暮らしながら、彼女は妖精が実在することを知る——さらには、彼らのドラッグを使いさえする。3 作目の『アイアンサイド』は、再び取り替え子のケイと、シーリーコートとアンシーリーコートの争いの物語に戻る。ケイはどちらのグループにいても安心できない。特に、狡猾な妖精の女王シラリア

ルのそばにいるときには。またしても、著者のブラックは読者に、妖精の
暗く恐ろしい部分を見せる。それは、現代の作家や映画製作者の一部が描
く魅力的な妖精と、はっきりとした対照をなしている。

『現代のおとぎ話』は、好き嫌いがはっきり分かれるだろう。登場する
キャラクターは、ほとんどの親が自分の子供とは遊ばせたくないと思うタ
イプだ——言葉は汚いし、酒やドラッグにふけり、不特定多数とセックス
し、仲違いもする。だが、ブラックの本のファンはその真に迫ったリアリ
ズムと、妖精界での魅惑的な場面を評価している。彼女の物語は、かつて
の妖精は願いをかなえるよりも殺人や暴力にかかわるほうが多かったこと
を思い出させる。

スパイダーウィック家の謎

　2003 年を皮切りに、アーティストのトニー・ディテルリッジと作家ホ
リー・ブラックは、ふんだんにイラストを使った物語とガイドブックのシ

リーズを刊行し、全体で『スパイダー
ウィック家の謎』と呼ばれるように
なった。メーン州の朽ち果てた屋敷に
移り住んだ 3 人の子供はすぐに、自分
たちが魅力的だが危険も多い妖精界と
隣り合わせで暮らしていることに気づ
く。

　彼らは『アーサー・スパイダーウィッ
クの妖精図鑑』という奇妙な本を見つ
ける。それは屋敷周辺の、人間が見る
ことも知ることもない妖精界につい
て、詳しく説明したものだ。続く 4 作
では、子供たち——ときにブラウニー

歯の妖精

初めて歯が抜けたときに子供にお金を与えるアメリカの習慣は、ヨーロッパから来ている。この古い伝統は、北欧神話について書かれた本で 13 世紀にさかのぼる『古エッダ』にも記されている。2013 年の Visa 社の調べによれば、現代のアメリカでも、子供が自分の歯を体や枕の下に敷いて寝るとお小遣いがもらえるという。歯の妖精からの贈り物は、平均 3.7 ドルである。

やホブゴブリン、プーカなどの生きものに助けられる——は、『妖精図鑑』とアーサー・スパイダーウィックの秘密を発見する。彼らはスパイダーウィックの宿敵で、マルガラスという恐ろしい鬼を相手にし、最後は打ち負かす。

その続編である 3 作シリーズ『NEW スパイダーウィック家の謎』では、別の子供たちが『スパイダーウィック家の謎』に描かれた世界に遭遇し、生き残るために大いに危険な敵と戦うことを余儀なくされる。

ディテルリッジとブラックは物語を継続したいと考えていたが、別の企画に時間を取られてしまう。フレディ・ハイモア主演の映画版『スパイダーウィックの謎』は、2008 年に公開された。

20 代向けのおとぎ話

作家でイラストレーターのティム・マンリーは、私たちが大好きなおとぎ話を書き換え、ユーモラスで現代的な味つけをして、『タンブラーの国のアリス、その他の新世代向けのおとぎ話（Alice in Tumblr-land: And

Other Fairy Tales for a New Generation)』（2013年）というカラフルな本を出版した。子供の頃にお話で聞いた、なじみのあるキャラクターはどう変化したのだろうか？　マンリーによれば「みにくいアヒルの子は、依然ほかの子と比べて自分を醜いと感じているが、今ではインスタグラムと、自分を素晴らしく魅力的に見せるフィルターを手に入れた。シンデレラはガラスの靴をクロックスに履き替えた。ウサギとカメはFacebookでお互いの状況を追っている。3匹の熊はグルテンフリー食になった。そしてピーター・パンはついに大人になり、就職したか、あるいは少なくとも家賃を払いはじめている」という。

　妖精とおとぎ話は、明らかにここに根づいている。少なくとも予見可能な未来までは。初期のアメリカ先住民の物語から、現代のグラフィックノベルや素晴らしいアニメ映画まで、妖精をはじめとする超自然的な生きものは、引き続き私たちに畏敬の念を起こさせ、恐れさせ、魅了する。以前のものと同じように、現代の物語も私たちに善と悪、勇気、忠誠、希望、自分を受け入れること、変化を教えている。しかも、私たちを笑わせてくれる。

あとがき

妖精の隠れた意味

おとぎ話の魔法を知れば、未来を直視することができる。
——ダニエル・スティール

世界の妖精をめぐる大忙しのツアーの中で、私たちは多くの地域を見てきたが、それでもほんの表面をかすめたにすぎない。妖精たちは長い間、さまざまな形で人間の想像力を魅了しているため、1冊の本ではその始まりさえも語れない。しかし、たくさんの国の古い伝説や神話に立ち戻ることで、妖精について、また妖精と私たちのつながりについて理解を深め、おそらくこの神秘的な存在への敬意が増したことと思う。

　ティンカー・ベルをはじめとする妖精のおかげで、私たちはもう彼らを恐れない——自分たちの生活に歓迎し、一緒に歌ったり、踊ったり、笑ったりしたいと思っている。現在、想像力豊かな作家やアーティスト、撮影監督は、何百年も語り継がれた豊かな妖精物語を拡大しようとしている。おとぎ話や伝説一般は、今も進化しつづけている——そうでなければならない。なぜなら、それは私たちの一部だからだ。おとぎ話が進化するとき、それは私たちの文化や政治、霊に対する考えだけでなく、社会の動向も反映している。それは私たちが、自分自身や自分たちの世界——そして、異世界について知るべきことを教えつづけているのだ。

地球の保護者

　私たちが妖精について学んだこととして、彼らが自然の保護者という使命を非常に真面目にとらえていることが挙げられる。人間が植物や動物を傷つけると、妖精は行動を起こし、相手を病気で苦しめ、さらには死に至らしめさえする。かつては、環境意識の高い妖精にとって、物事は簡単だった——木こりや猟師だけを見張っていればよかったからだ。もちろん、木や石、風や水、雷や稲妻など、あらゆるものに精霊が宿っていると人間が信じていた頃は、妖精が人間に礼儀をわきまえさせるのにさほど苦労しなかった。

　ヴィクトリア朝に西洋で産業が発達したのと時を同じくして、人々の妖精への関心も高まったことは、偶然ではないだろう。この時代、グリム兄弟、ハンス・クリスチャン・アンデルセン、アンドリュー・ラングは、私たちが大好きなおとぎ話を集め、熱心な読者は拍手喝采してそれを迎えた。元素——土、空気、火、水に住むといわれる妖精——という概念も、19世紀後半に神智学者や唯心論者といった形而上的なグループから生まれた。

　啓蒙時代と呼ばれ、科学と機械化が進んだ時代、おとぎ話はフランス社会で人気を博した。デジタル時代の現在、私たちはまたしても、妖精熱の波を目の当たりにしている。人間が自然と距離を置き、宇宙を神秘的に見なくなると、妖精が現れて大事なことを思い出させ、正気を保たせてくれるように思える。

　現在、妖精たちは手いっぱいの仕事を抱えている。多国籍企業や心ない政治家、人口過多の襲来などと戦っているのだ。人間がこれほど広範囲に自然を破壊する力を持つのはかつてないことだ。それだけではない。妖精を誤解したり、その存在をまったく信じなかったりする人間の無知にも対応しなくてはならない。

　おそらくそのために、私たちは21世紀の妖精の魅力の再発見を期待し

ているのだろう。妖精が私たちの生活に明るさや、喜びや、妖精の粉を振りまき、無限の可能性を信じる心を取り戻させてくれることが必要だ。自然との調和の中で暮らす方法を教わり、テクノロジー主導の世の中で、霊的なものと再びつながる助けとなってもらうことが必要なのだ。

妖精は見かけによらない

　神話や伝説では、妖精はしばしば変身したり、いたずらを仕掛けたりする。人間よ、気をつけろ！　妖精は見かけとは違い、はっきりいって信用ならない。手ほどの大きさのかわいらしいピクシーが、あなたが背を向けたとたん子供をさらうかもしれない。とびきりのブロンド美女があなたの体をほしがるかもしれないが、それはあなたが考えているような意味ではない。

　妖精を相手にするときは、自分の知識は全部間違っていると肝に銘じておくことだ。妖精は私たちと同じものの見方をせず、彼らの世界のルールは私たちのルールとはまるで違う。それだけではない。彼らには人間のような制約がないのだ。たとえば、彼らはグラマーという呪文を使って、好きな姿になることができる。動物、鳥、虫、人間、複合的な生きもの——目的に合ったどんな姿にもなれる。その上、彼らは地上界と妖精界を好きなように行き来できるが、人間が同じことをすればすっかり混乱してしまうだろう。

　欺瞞は妖精界だけでなく、現代の人間界でも毎日のように頭をもたげる。情報操作、広告、

リアリティ番組、写真の加工、美容整形、特殊効果などだ。現実とファンタジーとの境目は、どんどん薄くなっていく。だが、メディアはさておき、私たちは誰もが微妙な幻を利用している。誰もが自分の内心を隠す外向けの仮面をつけている。ニール・ゲイマンの『小道の果ての海（The Ocean at the End of the Lane）』で、アーシュラ・モンクトンとは本当はどんな怪物なのかと訊かれた11歳のレティーはこう答える。「内面と見た目が同じ人は誰もいないわ。あなたもそう。私も。人間はそれよりもずっと複雑なのよ」

　つまり、妖精は私たちそれぞれの中の、姿を変える要素を体現しているのかもしれない。判断や批判はせず、自分が他人にどう見えるか、その幻から何を得たいと思っているかを評価するようにと、妖精はアドバイスしているのだ。私たちはどんな役割を演じているだろう——親、恋人、子供、雇用者または従業員、コミュニティの一員？　自分よりも大物に見せようとしていないだろうか？　恋人や仕事、友人、家族、同僚の称賛を得るために、偽りの外見を身に着けていないだろうか？　目標を達成するために進んでどんなことをするだろうか？　そして、その過程で自分をどのように騙しているだろうか？

> おとぎ話は、子供の私が現実から逃げる場所ではなかった。というより、それが現実だった——その世界では善と悪が抽象的な概念ではなく、おとぎ話のヒロインのように、どんな魔法も自分にそれを幅広く使う機知や思いやり、勇気がなければ役に立たないからだ。
>
> ——テリー・ウィンドリング

二面性

気のいい妖精もいれば、ぞっとするほど嫌な妖精もいる——人間と同じだ。スコットランド神話は、気性と行動によって、妖精を敵対する両陣営に分けてさえいる。シーリー（光／親切）コートとアンシーリー（闇／悪意）コートだ。しかし、これまで見てきたように、たとえ親切でも妖精は気まぐれな生きもので、さしたる理由もなく一瞬のうちに敵意を向けることがある。

妖精の二面性は、この世の善と悪という2つの力を表しているのかもしれない。あらゆる文化における神話や宗教が、こうした両義性に言及している——まるで、一方がなければもう一方も存在できないかのようだ。ユング派の心理学では、私たち個人の性格の二面性を追究している。外側の意識の面と、内側の認められていない〝影〟の面だ。私たちのほとんどは——意識しているかどうかはともかく——影の部分を恐れるか、忌み嫌っている。また、それを他人に投影し、他人の中に自分が否定したり嫌ったりするものを見て取る。フランス人は、影をラ・ベイト・ノワール、つまり黒い獣と呼び、それが数多くのおとぎ話の中心テーマとなっている。ガブリエル・スザンヌ・バルボット・ド・ヴィルヌーヴの『美女と野獣』を思い出しただろうか？ ベルは変身する前の野獣と友達になった——私たちもそうでなくてはならない。

妖精の世界に迷い込む

世界じゅうの妖精に最も共通して見られる人間へのいたずらは、森の奥深くや、その他の奇妙でどこともつかない世界に誘い込むことだ。そこでは、見慣れた景色はまったくなくなり、人間は呆然とし、混乱しながら、いつまでも——たぶん永遠に——さまようことになる。おとぎ話では、森は未知なるものの暗喩となっている。私たちはそこへ行くのを恐れるが、

昔からの謎を解き、すべての潜在能力を発揮したければ、結局は──いわば魔法の存在に導かれて──足を踏み入れるしかない。森は無意識も表している。そこはあらゆる不安、記憶、知恵が横たわる闇の領域で、光に照らされ、探検されるのを待っている。それは〝踏み固められていない道〟の象徴だ。原始的で、純粋で、地図に載っていないその道は、私たちを従来の〝安全〟という考えからそらし、自分自身の精神の不確かで創造的な領域へと連れて行くのだ。

　妖精の国で道に迷うのは、人間にとって最も啓発的なことだろう。妖精のあとをついて森に入るというのは、社会にこれを信じろと教えられたことに従うのでなく、心の奥底で知っていたことと再びつながることを意味する。それは、知識だけでなく自分自身の直感に従うことを教える。そして、多くの伝説が警告するように、２度と戻ってはこられない──世俗的な考えを超越し、自分を深く理解し、高められた意識に到達すれば、妖精が介在する前の普通の世界に戻ることはできないからだ。

妖精界での不死

　老い、病、そして死は、常に人間につきまとう──私たちは、すぐそばで待ち構え、自分の身に何が降りかかるかを教える不安を振り払うことはできない。容貌や活力を損なうことなく、何百年も何千年も生きる妖精をうらやましいと思わないだろうか？　この世の困難や、かすむ目や、肉体的な限界のない、時間を超えた世界に住むというのは？　私たちが妖精をうらやむのは当然だ。

　妖精に関する伝説や神話は、キリスト教、イスラム教、その他の現在の信仰よりも前から存在している。初期の神話では、妖精を古代の神々と結びつけたり、妖精を下等な神とみなしたりしていた。たとえば、アイルランドのシー、ギリシアのニンフ、インドのナーガは、神や女神から生まれたと考えられている。別の宗教では、人間は妖精から進化したといわれて

妖精の目撃談

　『シャーロック・ホームズ』 シリーズの作者、 サー・アーサー・コナン・ドイルは 『妖精の出現』 の中で、 チャールズ・W・リードビーターによるさまざまな妖精の描写や体験を引用している。「イギリスでは、 エメラルドグリーンの妖精が最も一般的に見られるだろう。 私はフランスやベルギーの森、 遠く離れたマサチューセッツ、 ナイアガラ川のほとりでも見たことがある。 ノースダコタとサウスダコタの広大な平原には黒と白の種類が住んでいるが、 ほかの地域では見たことがない。 またカリフォルニアには愛らしい白と金の種類がいるが、 これもほかにはないものだ」

いる。そして、多くの物語が、人間と妖精との恋愛や混血の子供について語り、私たちの誰もが異世界とつながっていることを示唆している。

　おとぎ話に繰り返し出てくるもう1つのテーマは、人間がこの地球を離れ、美しい妖精界に消えていくというものである。彼らはそこで不死となり、自分があとにしてきた物質世界のことを忘れる。さまざまな点で、妖精界は非常に天国に近い——地球への未練を捨てれば、私たちが来て、帰って行く不思議な場所なのだ。私たちの祖先は、宗教的思想や来世の概念を妖精と結びつけたり、逆に妖精をそれらと結びつけたりした。妖精に対する、衰えることのない深い愛情も、これで説明がつくだろう。

妖精よ永遠に

　古い時代には、どの国の人々もあらゆる超自然的な存在を信じていたし、その中には妖精も含まれていた。現在、科学的で理性的な人々は、妖精をほとんど信用していない。だが、妖精の存在を証明できないからといって、彼らがいないということではない。ウィリアム・フォークナーは「事実と真実とは、ほとんど関係がない」といっている。かつては、バクテリアの世界は謎めいた、夢のようなものだと思われていた。それに、人間が20世紀まで冥王星のことを知らなかったからといって、それが存在しなかったことにはならない。

　科学はすべてを説明できるように思える——だが私たちは、すべてを説明してほしくないのかもしれない。私たちは、人生からあらゆる魔法を締め出したくはない。内なる存在への秘密の道、古代の謎、そしてこの宇宙で最も遠い辺境とのつながりを保っていたいのだ。私たちは信じたい。人間が存在する限り、妖精も存在すると。

　　妖精たちよ、私をこの退屈な世界から連れ出してくれ、
　　ともに風に乗って旅をし、
　　渦巻く潮の上を駆け、
　　山の上で炎のように踊ろう
　　　　　　——ウィリアム・バトラー・イェイツ「念願の地」

索引

【著者】**スカイ・アレクサンダー**（Skye Alexander）
　　　スピリチュアル・カウンセラーであり作家。占星術、タロット、セルフケ
　　　アなどのテーマのほかに、ロマンティック・サスペンスも執筆する。著
　　　書に、*Unicorns: The Myths, Legends, & Lore* などがある。

【訳者】**白須清美**（しらす・きよみ）
　　　英米翻訳家。主な訳書にアステル『絵で見る天使百科』、グィリー『悪魔と
　　　悪魔学の事典』（共訳）、スコット『天国と地獄の事典』（共訳）、グルーバー『お
　　　しゃべり時計の秘密』、ロースン『首のない女』など多数。

FAIRIES

The Myths, Legends, and Lore

Copyright © 2014 by Simon & Schuster, Inc.
Published by arrangement with
Adams Media, an imprint of Simon & Schuster, Inc.,
1230 Avenue of the Americas, New York, NY 10020, USA
through Japan UNI Agency, Inc., Tokyo

妖精の教科書
神話と伝説と物語

2020 年 2 月 10 日　第 1 刷

著者…………スカイ・アレクサンダー

訳者…………白須清美

装幀…………岡孝治

発行者…………成瀬雅人
発行所…………株式会社原書房

〒 160-0022 東京都新宿区新宿 1-25-13
電話・代表 03（3354）0685
http://www.harashobo.co.jp
振替・00150-6-151594

印刷…………シナノ印刷株式会社
製本…………東京美術紙工協業組合

©Kiyomi Shirasu, 2020
ISBN978-4-562-05716-0, Printed in Japan